FERRET 1976

RÉFORME

DU

RÉGIME HYPOTHÉCAIRE.

PAR

A. VAVASSEUR.

Sous le régime actuel, celui qui achète n'est pas certain de rester propriétaire ; celui qui paye, de ne pas être obligé à un second payement, et celui qui prête, d'être remboursé.

(Paroles de M. DUPIN, procureur général à la Cour de cassation.)

⬥

PARIS.

JOUBERT, LIBRAIRE DE LA COUR DE CASSATION,

RUE DES GRÈS, 14, PRÈS DE L'ÉCOLE DE DROIT.

1848

RÉFORME

DU

RÉGIME HYPOTHÉCAIRE.

PARIS. — IMPRIMÉ PAR E. THUNOT ET Ce,
rue Racine, 28, près de l'Odéon.

RÉFORME

DU

RÉGIME HYPOTHÉCAIRE.

PAR

A. VAVASSEUR.

> Sous le régime actuel, celui qui achète n'est pas certain de
> rester propriétaire, celui qui paye, de ne pas être obligé à un
> second payement, et celui qui prête, d'être remboursé.
> (Paroles de M. Dupin, procureur général à la Cour
> de cassation.)

PARIS.

JOUBERT, LIBRAIRE DE LA COUR DE CASSATION,

RUE DES GRÈS, 14, PRÈS DE L'ÉCOLE DE DROIT.

1848

INTRODUCTION.

Il y a longtemps déjà qu'on a reconnu la nécessité de réformer le régime hypothécaire qui nous a été légué par le Code civil. Cette question est d'une extrême importance ; elle touche aux intérêts de l'ordre le plus élevé. Un bon système hypothécaire assurant la sécurité des transactions doit, en effet, favoriser les transmissions immobilières, les prêts sur hypothèque, et concourir ainsi dans une large mesure au développement du crédit foncier.

Des réformes radicales ont été proposées; de bons esprits ont pensé qu'il fallait abattre par la base un édifice vermoulu, et se fondant sur l'exemple de pays voisins, ont demandé l'établissement d'un grand livre de la propriété immobilière, basé sur le cadastre. Mais le cadastre actuel serait évidemment insuffisant pour cet objet; il faudrait en créer un nouveau, dans les formes judiciaires, les titres de propriété préalablement vérifiés, les parties contradictoirement entendues. Cette entreprise ne tendrait rien moins qu'à vider dans un délai déterminé toutes les contestations aujourd'hui existantes, et celles plus nombreuses encore que feraient inévitablement surgir la justification et la comparaison des titres de propriété. Serait-il raisonnable, serait-il prudent de s'en aller ainsi à l'aventure réveiller des difficultés éteintes, susciter de nouveaux sujets de discorde, et faire naître une foule de procès, qui probablement n'auraient jamais vu le jour? Ce serait là faire la guerre pour obtenir la paix, au mépris du fameux précepte : *Si vis pacem, para bellum*, qui, appliqué à notre sujet, pourrait se traduire ainsi : Si vous ne voulez pas de procès, faites de bonnes lois.

S'il ne faut pas se laisser entraîner à la suite de réformateurs trop hardis, il est nécessaire pourtant d'aborder sans hésitation le champ des réformes; les vices de notre système hypothécaire sont devenus, après une expérience de quarante années, tellement palpables, tellement incontestables, que M. Dupin, le savant procureur général à la cour de cassation, a pu dire avec vérité : « Celui qui achète n'est pas certain de rester propriétaire; » celui qui paye, de ne pas être obligé à un second payement; » et celui qui prête, d'être remboursé. »

Jusqu'ici, les capitaux se sont tournés avec abondance vers l'industrie, qui donnait une sûreté presque égale à celle des prêts hypothécaires, et des bénéfices beaucoup plus considérables; mais nous entrons dans une ère nouvelle, où l'agriculture, si négligée jusque-là, va recevoir les encouragements qui lui sont dus; on a compris enfin qu'elle est la véritable et solide richesse, tandis que l'industrie n'est pour ainsi dire qu'une richesse factice, qu'un bruit de guerre, une révolution fait évanouir. Les écoles, les fermes modèles, qui vont être établies sur tous les points du territoire, sont appelées à chasser l'esprit de routine, à propager les nouveaux instruments et les nouvelles méthodes; mais qu'on ne l'oublie pas, le point de départ de toute amélioration, c'est le capital; c'est le capital qui doit être l'agent principal de notre prospérité agricole, il faut donc l'attirer vers la terre, en lui donnant ce qu'il n'a pas trouvé jusqu'alors, ce qu'il ne peut trouver dans l'industrie, un gage certain, affranchi de toute chance de perte ou d'éviction.

Le précédent gouvernement avait senti la nécessité de réformer le régime hypothécaire du Code civil; il avait eu recours pour ce travail difficile aux lumières de la cour de cassation, des cours d'appel et des facultés de droit; l'attention des magistrats et professeurs avait été spécialement appelée sur huit points principaux, indiqués dans une lettre du ministre de la justice, en date du 7 mai 1841.

1er point. La transcription des contrats translatifs de la propriété et de ses démembrements sera-t-elle obligatoire?

2e point. L'endossement des titres hypothécaires sera-t-il permis?

3e point. Les hypothèques légales des femmes, des mineurs, etc., seront-elles soumises à l'inscription?

4e point. Existe-t-il une contradiction dans les dispositions de la loi, relatives au mode de conserver les priviléges?

Et quels seront les moyens de la faire cesser?

5e point. Comment doit se régler le concours des priviléges entre eux?

En fera-t-on dans la loi nouvelle une nomenclature complète, en assignant le rang de chacun, ou préférera-t-on une exposition de principes bien élaborés ?

6e point. Pour les inscriptions hypothécaires, la loi nouvelle reproduira-t-elle les cas de nullité consacrés par la jurisprudence?

Sera-t-il nécessaire d'ajouter quelques dispositions sur les questions indécises?

7e point. A quelle époque l'inscription a-t-elle produit son effet, et son renouvellement cesse-t-il d'être nécesssaire?

8e point. La procédure actuelle pour la purge des hypothèques légales et autres atteint-elle ce double but : avoir toute la simplicité désirable, et faire connaître nécessairement aux créanciers la transmission de l'immeuble en d'autres mains?

Les opinions exprimées par les cours et facultés sur ces diverses questions, ont été recueillies et publiées par ordre du ministre, en 1844, sous ce titre : *Documents relatifs au régime hypothécaire et aux réformes qui ont été proposées.*

C'est à l'étude de ces documents que nous nous sommes livré, comme devant y trouver les matériaux les plus précieux pour la loi à intervenir; nous n'avons point suivi pas à pas les questions qui y sont traitées; nous en avons même laissé de côté quelques-unes, comme la deuxième, la quatrième et la cinquième, qui ne portent que sur des points tout à fait accessoires, et dont la solution peut d'ailleurs se trouver dans la jurisprudence.

Le plan que nous avons adopté est simple.

Après avoir établi en principe, par la réfutation de l'opinion contraire, la nécessité d'admettre un système complet de publicité, nous avons indiqué les actes et jugements qui doivent y être soumis, et en refusant de l'étendre aux incapacités civiles et aux transmissions héréditaires, comme le demandent quelques cours d'appel et facultés de droit, nous avons proposé plusieurs modifications qui doivent y suppléer avantageusement, notamment à l'égard des actes consentis par l'héritier apparent.

Nous n'avons pas omis la question si grave des hypothèques légales, que nous avons essayé de résoudre de manière à donner aux incapables et aux tiers les garanties qui, sous la loi actuelle, manquent aux uns aussi bien qu'aux autres.

Ensuite nous avons recherché quelles devaient être les formes de l'inscription, ses délais, ceux de son renouvellement, et proposé une solution à la question transitoire qui naîtra de la loi nouvelle.

Un chapitre spécial a été consacré à l'examen de l'une des difficultés les plus considérables de la matière, et que nous regrettons d'avoir vu trop généralement passer sous silence : nous voulons parler des actions occultes dont les effets réfléchissent sur les tiers détenteurs de la propriété, et dont l'existence, indéfiniment prolongée, détruit toute sécurité, et rend *complétement impossible* la certitude d'avoir régulièrement acquis, payé ou prêté. Pour faire cesser cette *cause vivace de perturbation*, comme l'appelle avec vérité la cour de Montpellier, nous proposons l'établissement en faveur des tiers acquéreurs d'une *prescription maximum* de trente années, complément indispensable du nouveau système hypothécaire.

Nous terminons par quelques observations sommaires sur les vices de la procédure actuelle pour la purge des hypothèques de toute nature, et sur les améliorations qu'elle pourrait recevoir.

Ainsi que nous venons de le dire, nous avons cru devoir, en général, établir nos démonstrations par la négative, c'est-à-dire par la réfutation des raisonnements contraires à notre opinion ; cela résultait de la nature de notre travail, qui nous aurait exposé, si nous avions procédé autrement, à répéter les arguments des autorités dont nous partagions l'avis ; mais au surplus, si nos réfutations sont victorieuses, la démonstration ne sera que plus parfaite.

Nous n'avons pas la prétention d'exposer un système complet sur les hypothèques ; les idées que nous soumettons au public sont en grande partie le résultat d'observations recueillies dans la pratique du notariat, et c'est à ce titre surtout que nous les offrons, heureux si elles peuvent contribuer en quelque chose à l'amélioration du Code civil !

RÉFORME

DU

RÉGIME HYPOTHÉCAIRE.

CHAPITRE I.

LA PUBLICITÉ LÉGALE DOIT ÊTRE ADOPTÉE EN PRINCIPE, COMME CONDITION DE LA VALIDITÉ, VIS-A-VIS DES TIERS, DES CONTRATS RELATIFS AUX IMMEUBLES.

Il y a presque unanimité entre les cours d'appel et facultés de droit pour l'affirmative de cette proposition.

La cour de Bordeaux et la cour de Toulouse se prononcent seules pour la négative, avec la moitié des membres de la cour de Besançon, qui a déclaré être partagée sur la question.

Nous avons recherché avec soin toutes les objections présentées contre le système de la publicité légale ; nous les reproduirons successivement pour en faire la réfutation, ce qui nous fournira l'occasion d'établir les vrais principes qui doivent régir la transmission de la propriété.

1. La nécessité de la transcription, créée par le Code hypothécaire du 9 messidor an III, est une disposition sans précédents, qui n'a pas de point d'appui dans les principes de la matière. (Cour de Besançon.)

La bonne foi est l'âme des contrats ; il serait immoral d'effacer complétement cette garantie, pour y substituer des précautions purement légales ; un pareil système dégraderait la loi en la dépouillant de cet élément moral qui, seul, lui imprime l'animation et la vie. (Cour de Bordeaux.)

C'est le caractère essentiel du droit nouveau de faire prévaloir la volonté des parties sur les exigences ou les subtilités de formes..... Subordonner à la transcription la validité des contrats de vente, ce serait imprimer à la loi une marche rétrograde, emprunter aux coutumes vieillies des pays de nantissement des institutions ou des formes qui pourraient être considérées comme l'enveloppe grossière du consentement, dont la civilisation et la science sont parvenues insensiblement à le dégager. (Cour de Toulouse.)

La législation existante est d'ailleurs plus conforme aux principes généraux du droit que la loi du 11 brumaire an VII. (Même cour.)

Dans la confection des lois civiles, le législateur doit considérer deux intérêts distincts : l'intérêt des personnes qui concourent aux contrats, et l'intérêt de celles qui y sont étrangères, mais sur lesquelles peuvent réfléchir les effets des contrats. C'est dans la conciliation de ces deux intérêts, également respectables, que l'on doit chercher les principes généraux du droit.

A l'origine des sociétés, alors que les mœurs étaient simples et les richesses peu répandues, la parole donnée suffisait sans doute pour les transactions ordinaires de la vie; il n'était besoin ni d'écrits pour constater le consentement, ni de manifestation extérieure pour le consacrer aux yeux du public; mais lorsque la corruption des mœurs eut obligé de faire des lois, cette simplicité primitive dut cesser, la parole fut considérée comme un lien trop faible, il fallut fixer la volonté par des formalités, par des symboles, qui pussent au besoin témoigner de la vérité méconnue : de là les poteaux indicateurs qui, chez les Grecs, faisaient connaître à tous les champs grevés d'hypothèques. Ces poteaux représentent l'idée grossière, mais l'idée mère de l'inscription moderne.

Chez les Romains, depuis la loi des Douze Tables, et peut-être même auparavant, la transmission de la propriété romaine, *res mancipi*, s'accomplissait avec des formes solennelles et publiques; ces formes devinrent par la suite moins rigoureuses, et elles étaient même tombées en désuétude longtemps avant Justinien, mais elles laissèrent survivre un principe tellement important, tellement nécessaire à l'ordre public, qu'il s'est transmis jusqu'à nos jours : *Non nudis pactis, sed traditionibus, dominia transferuntur.* Telle était encore la règle en vigueur avant la révolution de 1789 ; le contrat de vente ne produisait qu'une action personnelle, et jusqu'à la tradition de la chose entre les mains de l'acheteur, il pouvait en être fait une seconde vente valable.

Quel était donc le but de cette tradition, si ce n'était de faire connaître aux tiers la mutation opérée, et de les prémunir contre la mauvaise foi d'un vendeur qui voudrait transmettre une seconde fois un objet déjà aliéné? et cela est tellement vrai que c'était une question agitée entre nos auteurs, si la tradition feinte, introduite dans la jurisprudence française, était valable à l'égard des tiers. (Pothier, *Traité du contrat de vente,* p. 334.)

Sous le régime de la féodalité, on alla plus loin et l'on vit comme une imitation anticipée de notre mode de publicité; les mutations de la propriété, pour être valables, durent-être inscrites sur les registres seigneuriaux; cette mesure ne fut sans doute créée originairement que dans un intérêt de fiscalité au profit des seigneurs, mais elle devint bientôt une garantie efficace de la sécurité des transactions, et elle fut toujours conservée dans certaines parties de la France, qu'on appela par cette raison *pays de nantissement.*

Pendant que la tradition, ou même-l'inscription sur les registres publics, était ainsi reconnue nécessaire pour la validité des transmissions immobilières, l'hypothèque n'était soumise à aucun mode de publicité; elle résultait même, sans stipulation, de tout contrat passé devant notaire, et elle affectait généralement tous les immeubles du débiteur.

L'hypothèque occulte était une source d'embarras et de difficultés; d'un autre côté la tradition, suffisante dans le principe, devenait, avec la civilisation, un faible moyen de publicité; plusieurs tentatives furent faites pour remédier au mal, mais faute d'un système complet et homogène, elle ne présentèrent que des résultats imparfaits; seulement il est à remarquer que tous les édits qui furent rendus sur cet objet étaient appuyés sur le grand principe de la publicité, et que le dernier, promulgué en 1771, institua les lettres de ratification, qui rendaient l'acquéreur propriétaire incommutable, en transportant sur le prix les actions qui grevaient l'immeuble.

Nous arrivons aux temps modernes, au Code hypothécaire de l'an III, qui ne fit que confirmer et régulariser l'ancien état de choses en subordonnant à la transcription la validité des transmissions immobilières vis-à-vis des tiers; mais cette loi, incomplète dans certaines parties, exagérée dans d'autres, contenait certaines dispositions dues à la circonstance, et qui furent bientôt la cause de son abrogation.

La loi du 11 brumaire an VII, qui vint alors, conserva le système de la publicité; la transcription sur les registres publics, des actes translatifs de propriété, fut, comme sous la loi précédente, une nécessité légale. Était-ce là une innovation, comme on l'a prétendu? n'était-ce pas au contraire la consécration, la restauration, si l'on veut, du principe affaibli de la tradition? La tradition était nécessaire pour faire connaître aux tiers la mutation; elle seule rendait la mutation définitive; la cause de la transcription fut la même, ses effets durent être aussi les mêmes.

Le Code civil vint changer cet ordre de choses, il rejeta la nécessité de la transcription, et ne voulut pas davantage de la tradition; il ne se rattacha donc à aucune législation antérieure; il consacra un principe nouveau : *Le seul consentement suffit pour la transmission de la propriété;* mais pour les hypothèques, il maintint la publicité créée par la loi du 11 brumaire an VII.

N'y a-t-il pas là une espèce d'inconséquence? L'hypothèque, dont le danger est éloigné et toujours éventuel, doit être publiée, tandis que la translation même de la propriété, dont l'ignorance peut causer un dommage immédiat, reste occulte! Le contraire avait lieu, et avec plus de logique, il nous semble, sous l'ancienne législation : l'hypothèque était occulte, mais la mutation de propriété était révélée par la tradition.

Si la transcription n'est pas, comme nous croyons l'avoir démontré, contraire aux principes généraux du droit ancien, nous ne pensons pas non plus qu'elle soit contraire aux principes mêmes du Code civil; il faut se garder d'illusions dangereuses sur la beauté de cette doctrine philosophique du Code sur le con-

sentement, doctrine que la cour de Bordeaux appelle « un élé-
» ment moral imprimant à la loi l'animation et la vie. »

Le Code civil, en effet, n'a pas toujours la même foi dans cette force idéale du consentement, et souvent, pour en manifester l'existence, il l'entoure de cette *enveloppe grossière* des formes extérieures que la cour de Toulouse rejette si dédaigneusement ; des nécessités insurmontables l'obligent à des dérogations impor-tantes ; nous pouvons en citer trois principales :

La publicité des hypothèques, dont nous parlions tout à l'heure ;

La fameuse maxime : En fait de meubles, possession vaut titre ;

Et l'obligation, pour être saisi, vis-à-vis des tiers, de signifier les transports des créances aux débiteurs.

Le consentement donné et accepté n'est-il pas violé, anni-hilé complétement : dans le premier cas, si le débiteur constitue une seconde hypothèque qui est inscrite avant la première ; dans le deuxième cas, si celui qui a vendu l'objet mobilier sans en faire la livraison le revend à une autre personne : et dans le der-nier cas, si un second cessionnaire de la créance signifie son transport avant le premier ?

Sur quoi sont fondées ces dérogations ? sur la nécessité de sau-vegarder la bonne foi publique. Or, si ce motif est plausible dans les divers cas que nous venons d'énumérer, s'il l'est surtout pour les hypothèques, il doit l'être, à plus forte raison, pour les alié-nations qui entraînent des conséquences bien plus graves.

Il y a encore d'autres exemples où le consentement se trouve annulé dans l'intérêt des tiers : ainsi, la transcription des dona-tions, le bail sous signatures privées, non enregistré, vis-à-vis de l'acquéreur de l'immeuble.

On sait d'ailleurs les débats qui s'élevèrent, lors de la confec-tion du Code civil, sur la question de la transcription. Cette ques-tion resta même dans l'indécision jusqu'au titre des priviléges et hypothèques ; différents articles du Code témoignent de cette in-décision, et paraissent même indiquer une intention contraire à celle adoptée en dernier lieu.

Ainsi, l'art. 1140 porte que « les effets de l'obligation de don-

» ner ou de livrer un immeuble seront réglés au titre de la vente
» et au titre des priviléges et hypothèques. »

Et au titre de la vente, l'art. 1583 est plus formel; il dispose
que « la vente est parfaite entre les parties, et la propriété ac-
» quise à l'acheteur *à l'égard du vendeur* dès qu'on est convenu
» de la chose et du prix. »

Cette restriction, *à l'égard du vendeur*, indique clairement la
réserve du législateur : de bons esprits ont même pensé qu'on
devait y voir le maintien de la transcription, comme formalité
nécessaire pour consolider la propriété *à l'égard des tiers*.

En résumé, le principe de la transcription n'est pas un principe nouveau, il apparaît, au contraire, dès l'origine du droit,
sous la forme austère de la mancipation, et il se perpétue dans
les diverses législations qui se sont succédé jusqu'au Code
civil.

Il rétablira l'harmonie dans le système général du Code civil,
en effaçant le disparate qui existe entre les diverses dispositions
de ce Code, relatives à l'effet des contrats vis-à-vis des tiers, et il
se conciliera parfaitement avec les divers articles que nous avons
cités, dont la rédaction est vicieuse au point de vue du régime
actuel.

Après avoir établi notre démonstration par des preuves tirées
de la législation, nous examinerons le côté philosophique de la
question.

Nous avons vu que le Code civil lui-même ne considérait pas
toujours la bonne foi comme une garantie suffisante de la sincère
exécution des contrats; il a établi, pour certaines circonstances, des précautions de nature à avertir les tiers; par une
omission inconcevable, il n'a prescrit aucune mesure semblable
pour l'une des circonstances les plus graves de la vie civile, celle
de l'aliénation de la propriété; il se repose, à cet égard, sur la
justice, sur la loyauté des parties : il confie à cette justice, à cette
loyauté, la fortune des tiers, et il se borne à offrir à ceux-ci la
sanction du stellionat.

N'est-ce pas là faire de la philosophie aux dépens de la vérité,
méconnaître la triste réalité des choses pour une théorie sédui-
sante, mais vaine ? Ne serait-il pas plus moral d'effacer cette ten-

tation légale du système actuel, épreuve souvent trop forte pour
les âmes cupides, de couper le mal par la racine et d'en prévenir
le retour? Car c'est de ce côté surtout que pèche la loi actuelle;
elle manque à l'un des deux grands buts de toute législation, elle
punit le mal, mais elle ne le prévient pas; et encore cette puni-
tion est-elle nécessairement insuffisante, elle ne répare pas le préjudice matériel, elle répare tout au plus le préjudice moral, et
elle n'est qu'une satisfaction pour la société.

Les précautions légales ne méritent pas d'ailleurs tout le dé-
dain dont on veut les accabler; le Code civil en a consacré un
grand nombre, ainsi que nous l'avons remarqué, et loin *d'en être
dégradé*, il est resté une œuvre éminemment morale. Mais, au
surplus, que sont les lois elles-mêmes, sinon des précautions
contre la faiblesse ou la perversité des hommes?

Nous ne terminerons pas sans signaler la curieuse contradiction
qui existe dans les raisonnements fournis par la cour de Toulouse
et la cour de Besançon à l'appui de leur opinion commune sur
l'inutilité d'une réforme hypothécaire : suivant la première de
ces cours, instituer la transcription, ce serait imprimer à la loi
une marche rétrograde, et remonter aux coutumes des pays de
nantissement, tandis que, suivant la cour de Besançon, la transcription ne s'appuie sur aucun précédent. Évidemment la cour
de Besançon a tort, mais la cour de Toulouse n'a pas raison.

II. La transcription ne purgera pas les vices du titre;
elle ne sera la plupart du temps qu'une fausse apparence
de sécurité.

Pour obtenir cet avantage, il faudrait adopter le système allemand, suivant lequel les titres ne sont admis à
l'inscription sur les registres publics qu'après une vérification minutieuse par les tribunaux de leur légitimité.
Ces registres présentent ainsi un état certain des véri-
tables propriétaires; mais ce système serait impraticable
en France à cause de l'excessif morcellement du sol et
de la fréquence des mutations. (Cour de Besançon.)

Il serait difficile en effet d'assujettir aux règles inflexibles de la
législation allemande, les innombrables parcelles qui composent

le sol français, et qui tendent de plus en plus à se diviser et à changer de mains.

La transcription, telle qu'elle était pratiquée sous la loi du 11 brumaire an VII, telle qu'on la demande aujourd'hui, n'aura donc pas pour effet d'effacer les vices inhérents aux titres soumis à cette formalité.

Sous ce rapport, il est vrai, la loi qui serait adoptée, et qui se bornerait à ordonner la transcription des contrats, ne serait pas supérieure au Code civil; mais elle aurait sur ce Code d'autres avantages considérables signalés par la cour de Besançon elle-même, comme de permettre à l'acquéreur de se libérer, au prêteur de verser ses fonds, sans craindre de voir se révéler tout à coup une aliénation antérieure consommée au profit d'un tiers de bonne foi.

Si ces avantages sont certains, incontestables, comme le déclarent la cour de cassation et la plupart des cours et facultés, l'objection de la cour de Besançon tombe d'elle-même; car il serait souverainement contraire à la raison de rejeter une amélioration, sous le prétexte qu'elle n'est pas une perfection.

III. L'acquéreur et le prêteur peuvent demander la représentation des titres, et s'assurer ainsi que la propriété n'a pas été aliénée une première fois. (Cours de Besançon et Bordeaux.)

Si le titre est sous seings privés, il ne peut être produit à un second acquéreur; il en est de même s'il est passé devant notaire, puisque la grosse, ou première expédition, ne peut être remplacée sans le concours du juge (Cour de Besançon.)

Ces motifs, pour les hommes versés dans la pratique, ne paraîtront même pas spécieux : la détention des titres n'est pas et ne peut pas être la preuve de la propriété : en effet :

Celui qui n'a vendu qu'une portion de sa propriété ou qui n'en a cédé que l'usufruit, ne remet pas son titre à l'acquéreur.

Il en est de même de celui qui vend un immeuble compris avec dix ou vingt autres dans le même titre.

Ce sont là des cas usuels, où rien ne dénote à l'homme le plus clairvoyant l'arrière-pensée d'une fraude.

Supposons maintenant un homme de mauvaise foi ; il n'a aucun motif apparent pour conserver ses titres, mais il prétend les avoir égarés ; il se présente chez le notaire détenteur des minutes de ces titres, où néanmoins le contrat de vente est signé.

Qui empêchera le vendeur, dans tous ces cas, d'aller tromper un tiers, auquel il remettra les titres qu'il a conservés, en lui vendant une seconde fois le même immeuble, ou en se faisant faire un prêt sur hypothèque ?.

Lors même que le vendeur aurait remis à un premier acquéreur ses titres de propriété, rien ne lui serait plus facile que d'en lever de nouvelles expéditions, de conserver ainsi les apparences de propriétaire et d'abuser de la bonne foi d'un second acquéreur ou d'un prêteur, car les notaires peuvent et doivent délivrer des expéditions ou des extraits de leurs actes, autant de fois qu'ils en sont requis ; l'interdiction n'existe que pour les grosses, et cela importe peu quant au point qui nous occupe, puisqu'elles ne sont jamais délivrées qu'aux vendeurs comme titres exécutoires.

La fraude serait moins facile sans doute de la part d'un vendeur possédant, en vertu d'actes sous seings privés ; mais elle serait possible encore dans le cas, par exemple, où le titre ne serait pas remis, comme comprenant d'autres immeubles.

IV. Les mutations sont notoires aujourd'hui ; la concurrence, pour la grande propriété ; la hâte de faire acte de maître, de vanter son acquisition, pour la petite propriété, concourent promptement à produire cette notoriété. (Cour de Besançon.)

Il est facile au surplus de s'assurer par qui sont perçus les fruits de l'immeuble. (Cour de Bordeaux.)

La notoriété des mutations existe en général dans les petites localités, mais il n'en est pas de même assurément dans les villes de quelque importance, et surtout dans les grands centres de population ; la multiplicité des affaires du même genre laisse passer inaperçu chaque cas particulier ; d'ailleurs, la concurrence n'est sollicitée que par les personnes de bonne foi ; elle serait importune à celles qui auraient une intention frauduleuse, et celles-ci se garderaient bien d'y recourir ; or, comme c'est précisément dans l'hypothèse de la fraude que la concurrence ou la publicité serait nécessaire, le motif allégué est sans fondement.

Même dans les villages, la notoriété n'est pas aussi grande qu'on paraît le croire; elle ne s'établit au surplus qu'après un certain laps de temps, et un débiteur obéré peut aujourd'hui vendre sa propriété dont il conserve les titres, comme il arrive souvent, et le lendemain contracter un emprunt hypothécaire; ici la notoriété ne serait pas encore formée. Il y a donc une lacune dans la loi qui ne permet pas au prêteur de se mettre en garde contre ce danger.

V. La cour de Bordeaux pose ce dilemme : ou le vendeur inspire à son acquéreur assez de confiance pour le convaincre qu'il n'a pas à redouter d'autres inscriptions que celles qui figurent dans l'état délivré par le conservateur au moment de la vente, et alors cette même confiance sera une garantie qu'il n'existe pas de vente antérieure; ou bien l'acquéreur voudra ne devoir qu'aux formalités établies par la loi, *la sécurité de son acquisition*, et alors il fera transcrire son contrat pour arrêter le cours des inscriptions.

Remarquons d'abord que la confiance, supposée dans le premier cas, ne serait pas très-large, puisque l'acquéreur aurait levé un état des inscriptions au moment de la vente; elle serait donc une faible garantie qu'il n'existe pas de vente antérieure; mais admettons que cette garantie existe dans toute sa plénitude, en serait-il de même dans l'autre hypothèse? la transcription du contrat assurera-t-elle à l'acquéreur qu'il n'y a pas eu d'aliénation précédente? Évidemment non, puisque cette aliénation aurait pu être faite sans avoir été transcrite, et qu'elle serait néanmoins préférée. L'acquéreur, tout en voulant ne devoir qu'aux formalités légales *la sécurité de son acquisition*, n'a pas atteint son but; la protection de la loi a été impuissante.

Le dilemme pèche contre la logique, en ce que la conclusion de la seconde branche est insuffisante, et n'est pas d'ailleurs semblable à la conclusion de la première.

La cour de Bordeaux ajoute que le Code civil est organisé de manière à rendre la transcription indispensable dans tous les cas où la bonne foi du vendeur serait insuffisante pour rassurer l'acheteur : il fallait achever ce raisonnement et se demander si, dans les mêmes cas où l'acheteur a besoin d'être rassuré, la transcription est complétement efficace : oui, répondrait-on, le Code à la main, pour arrêter le cours des inscriptions, mais non pour faire découvrir une aliénation antérieure.

VI. Le droit de propriété est indivisible; on ne peut tout à la fois être et ne pas être propriétaire; on ne saurait comprendre que le consentement assurât la propriété à l'acheteur vis-à-vis de son vendeur et ne la lui assurât pas vis-à-vis des tiers. (Cour de Bordeaux.)

Le Code civil a introduit, comme nous l'avons vu, un système nouveau, en donnant au seul consentement le pouvoir de transférer la propriété; anciennement le contrat ne produisait qu'une obligation personnelle, ne transmettait à l'acquéreur que le *jus ad rem;* la tradition seule opérait le *jus in re*, c'est-à-dire la translation de la propriété sur la tête de l'acheteur : si l'on revenait aux anciens principes, l'inconséquence que signale la cour de Bordeaux n'existerait donc pas. Néanmoins le système du Code est préférable; il est plus naturel, il est plus logique, que lorsque le maître de la chose déclare vouloir s'en dépouiller, cette volonté s'accomplisse, la chose passe à autrui, mais à *la condition essentielle* que cette transmission soit rendue manifeste pour tous par la formalité de la transcription. Jusqu'à cette formalité, quelle sera donc la situation de la propriété? Si l'ancien maître de la chose en est dessaisi, comment peut-il l'aliéner une seconde fois? Il le peut, parce qu'il n'était dessaisi que *sub conditione*, sous la condition, écrite non dans le contrat, mais dans la loi, qu'il n'aurait pas vendu une seconde fois avant la transcription; il y a là une espèce de condition suspensive qui peut se traduire ainsi :

Je vous vends, mais sous la condition que je n'aurai pas vendu à un autre d'ici à la transcription (l'engagement personnel réservé bien entendu).

La condition s'accomplissant, c'est-à-dire une seconde vente n'ayant pas été opérée, l'acquéreur est censé avoir été propriétaire *ab initio*.

Si, au contraire, une seconde vente a lieu, la condition manque et le premier acquéreur est évincé, sauf son recours personnel contre le vendeur.

Ainsi, la prétendue impossibilité n'existe pas ; le système de la transcription n'a rien d'inconciliable avec les principes du droit, et le Code civil d'ailleurs nous donne des exemples de droits conférés par le propriétaire de la chose et résolus dans l'intérêt des tiers : nous avons cité déjà, sous le numéro premier [1]. les hypothèques, les ventes de meubles, les donations d'immeubles, qui ne sont parfaites qne par l'inscription, la tradition, la transcription.

VII. A la supposition d'un second acquéreur dépouillé par la priorité d'un titre occulte, on peut avec avantage opposer le sort non moins intéressant de celui qu'une possession publique et prolongée pendant plusieurs années, ne mettrait pas à l'abri de la mauvaise foi de son vendeur (cour de Toulouse).

Il suffit, pour répondre victorieusement à cet argument, de transcrire l'objection que se faisait à elle-même la cour de Toulouse, deux pages plus haut : « L'acquéreur ainsi dépossédé » (dans la 2ᵉ hypothèse) est à plaindre sans doute, mais n'a-t-il » pas un reproche à se faire, sa prudence n'est-elle pas en dé- » faut ? Il avait *un moyen. bien simple* de mettre sa possession à » l'abri de tout danger ; pourquoi n'en a-t-il pas fait usage ? Aide- » toi, la loi t'aidera ; elle doit plutôt accorder sa protection à ce- » lui qui veille à la défense de ses droits qu'à celui dont la négli- » gence peut les compromettre : *Vigilantibus jura scripta sunt.*

On ne voit pas comment après un raisonnement si frappant de vérité, la cour a pu arriver à une conclusion semblable.

Avec le système de la publicité, comme l'exprime la cour de Toulouse, l'acquéreur aura *un moyen bien simple* de mettre sa possession à l'abri de tout danger : s'il est inquiété, ce sera donc par sa faute.

Sous le système actuel, au contraire, l'acquéreur *n'a aucun moyen* ; la loi le lui refuse ; il est obligé d'avoir confiance dans son vendeur ; si cette confiance est trahie, il sera lésé, ruiné peut-être, non par sa faute assurément, mais par la faute de la loi.

Cette simple comparaison montre si l'avantage est pour la loi actuelle, comme le prétend la cour de Toulouse.

VIII. Alors même que les abus qu'on veut réformer seraient possibles en théorie, si une longue expérience ne les a pas démontrés dans la pratique, il serait dangereux d'innover (cour de Bordeaux).

On a vu, depuis le Code civil, peu de procès nés du défaut de transcription, et le nombre toujours croissant des ventes d'immeubles proteste contre les dangers qu'on attache au système actuel (même cour).

L'innovation sans doute a ses dangers : le passage d'une législation à une autre cause un certain ébranlement, on voit souvent surgir de graves questions que la prévoyance la plus consommée n'avait pu deviner ; il y a enfin, comme l'exprime la cour de cassation, cette haute raison d'État qui recommande en tout temps et en tout pays la stabilité dans les lois.

Mais quelque puissantes que soient ces raisons, sont-elles suffisantes pour autoriser une immobilité perpétuelle? Lorsqu'une loi, d'un consentement presque unanime, est reconnue vicieuse ; lorsque, après une épreuve de quarante années, on est forcé d'arriver à cette conclusion désespérante, que nulle transaction, sous l'empire de cette loi, n'est à l'abri de la fraude, le moment n'est-il pas arrivé de corriger le vice signalé par tous et de rassurer, par une formalité simple, la bonne foi des citoyens? Et, certes, si la stabilité des lois est une haute raison d'État, la sécurité des fortunes mérite tous les égards du législateur.

Mais on veut faire une distinction entre les abus possibles en théorie et ceux révélés par la pratique, et l'on prétend que quatre ou cinq arrêts à peine sont rapportés dans les recueils de jurisprudence sur la question qui nous occupe.

La conséquence que l'on peut tirer de ce petit nombre d'arrêts prouve en faveur de la loyauté publique, mais elle n'établit pas que la loi soit bonne et qu'il faille la conserver; elle tendrait à démontrer le contraire ; car ces abus, qu'on disait possibles seulement en théorie, sont devenus réels, ils sont passés dans les faits ; il faut donc les empêcher de se produire de nouveau.

D'ailleurs, lors même qu'aucune fraude n'aurait été signalée jusqu'à présent, nous soutenons que la possibilité ne devrait pas en exister ; une loi n'est bonne qu'à cette condition ; il ne faut pas oublier, en effet, que les lois sont faites précisément pour déjouer la ruse et la méchanceté et mettre un frein aux mauvaises passions, pour prévenir le mal en un mot, et non pas seulement pour le réprimer.

La cour de Bordeaux ajoute que la loi actuelle n'a pas nui à l'accroissement du nombre des mutations ; cet argument n'est qu'un développement de celui que nous venons d'indiquer ; en effet, si peu de procès se sont élevés, les dangers de la loi n'ont pas été signalés, ils sont demeurés inconnus à la masse des citoyens, il serait donc tout simple qu'ils n'eussent pas eu d'influence sur le nombre des transactions. Mais est-il bien certain que cette influence n'ait existé dans aucun cas ? Celui qui livre ses fonds sur une hypothèque, ou paye le prix d'un immeuble, n'a-t-il jamais eu la crainte que cet immeuble n'eût été aliéné précédemment ? Cette crainte n'a-t-elle pas arrêté plus d'une fois des hommes prudents, ne voulant contracter qu'avec une sécurité que la loi leur refusait.

D'ailleurs, l'augmentation des mutations a été un résultat de la prospérité générale ; il n'est pas possible de soutenir qu'elle ait été favorisée par la loi actuelle, ni même que cette loi n'y ait apporté aucun obstacle ; la loi existait, il fallait bien l'accepter, même avec ses dangers : *dura lex, sed lex ;* les transactions sont des nécessités sociales, et si elles sont fréquentes sous l'empire d'une loi mauvaise, on doit présumer qu'elles le seront davantage avec une loi meilleure.

CHAPITRE II.

INDICATION DES ACTES ET JUGEMENTS QUI SERONT SOUMIS A LA PUBLICITÉ.

La publicité légale étant admise en principe, il s'agit de rechercher les actes qui y seront assujettis ; le but essentiel de la publicité est de faire disparaître les causes d'éviction que peuvent faire naître les transactions dont l'existence resterait inconnue. Pour atteindre ce but, on doit ordonner la publication de tous les actes d'où procéderaient les causes d'éviction ; mais ici se présente le point de savoir si le détail précis de ces actes devra être fait dans la loi d'une manière limitative, ou s'il ne vaudra pas mieux, pour éviter le danger des omissions, formuler une disposition simplement énonciative. Nous avons résolu la difficulté en combinant les deux modes dans la rédaction suivante :

Seront assujettis à l'inscription [1] au bureau des hypothèques :

I. Tous actes ou jugements opérant mutation ou déclaration de propriété immobilière, tels que :

1° Les ventes ;

2° Les échanges ;

3° Les constitutions de servitudes continues et apparentes, acquises par titres,

— de servitudes continues non apparentes,

— et de servitudes discontinues, apparentes ou non ;

4° Les conventions sur la mitoyenneté ou la non-mitoyenneté des murs, pignons, haies, lorsque l'apparence sera contraire à la convention ;

5° Les donations ;

6° Les institutions contractuelles faites, soit au profit des époux et de leurs enfants, soit entre les époux eux-mêmes ;

7° Les testaments contenant des legs immobiliers ;

8° Les partages et licitations ;

9° Les sociétés contenant des apports immobiliers ;

10° Les rachats d'immeubles vendus à réméré.

Seraient exceptés les jugements d'adjudication par suite d'expropriation forcée.

II. Tous actes ou jugements emportant aliénation des fruits ou de la jouissance des immeubles, lorsqu'ils embrasseront une période de plus de douze années, ou lorsque l'aliénateur aura reçu par anticipation une somme supérieure au prix moyen d'une année de la jouissance ou des fruits, tels que :

---

[1] Nous disons l'inscription, et nous continuerons à nous servir de ce terme, parce que l'inscription, en effet, devra être préférée dans tous les cas à la transcription, comme nous le démontrerons au chapitre V.

1° Les baux à ferme, à loyer, à domaine congéable et autres.

2° Les concessions d'usufruit, d'usage et d'habitation ;

3° Les antichrèses consenties pour plus d'une année.

III. Les concessions de mines, carrières, minières, tour-bières, etc., quelle qu'en soit la durée. Les ventes de coupes de bois extraordinaires et de superficies à défricher.

IV. Les cessions et nantissements de priviléges et d'hypo-thèques.

Les saisies-arrêts de créances garanties par des priviléges ou des hypothèques.

Comme on le voit, nous proposons de soumettre à l'inscription les jugements aussi bien que les actes amiables ; nous commencerons par démontrer cette proposition et indiquer quelques modifications à apporter au Code de procédure, pour faire acquérir aux tiers la certitude de l'autorité de la chose jugée ; ce sera l'objet du § 1 du présent chapitre.

Sous les paragraphes suivants, nous reprendrons successive-ment les divers contrats cités par nous comme devant être assu-jettis à la publicité, et nous réfuterons les objections présentées sur chacun d'eux par les cours et Facultés appelées à donner leur avis.

§ 1ᵉʳ. — Des jugements et de l'autorité de la chose jugée.

Les jugements produisant, pour les tiers, les mêmes résultats que les contrats amiables, il y a, pour les faire connaître, un in-térêt absolument identique. Et d'abord, il serait facile de garan-tir les tiers de l'effet rétroactif des jugements en ordonnant l'inscription de l'exploit introductif d'instance, ce qui serait en même temps un moyen de garantir le demandeur contre les droits que le défendeur serait tenté de conférer sur l'immeuble litigieux. En marge de cette inscription, il serait fait une men-tion du jugement, qui lui servirait de confirmation, si la de-mande était accueillie, ou qui en ordonnerait la radiation, si elle était rejetée.

Néanmoins, pour les jugements d'adjudication par suite d'expropriation forcée, l'inscription du procès-verbal de saisie serait suffisante, celle du jugement ne donnerait aucun surcroît de garantie ; on ne comprendrait pas d'ailleurs, ainsi qu'on l'a fait remarquer, que le propriétaire exproprié pût vendre valablement l'immeuble dont la saisie l'aurait dépossédé, et qu'il eût ainsi plus de droits après l'adjudication qu'auparavant ; l'inscription ou la mention du jugement serait au surplus facultative pour l'adjudicataire, qui aurait toujours intérêt à faire remplir cette formalité, ne fût-ce que pour faire courir les délais de la prescription, dont le point de départ devra être fixé seulement au jour de l'inscription, selon la proposition que nous en ferons au chap. VI, p. 80.

La cour d'appel de Douai (p. 236, t. I.) qui est seule, parmi les autorités adoptant le principe de la publicité, à en refuser l'extension aux décisions judiciaires, objecte à l'appui de son opinion :

1° Qu'assujettir les décisions à la transcription, ce serait ne leur reconnaître d'autre effet qu'une obligation personnelle mise à la charge de la partie condamnée, tandis qu'elles comprennent le droit réel comme l'obligation personnelle.

Cette objection pourrait être faite au principe même de la publicité, les contrats amiables devant assurément produire les mêmes effets réels et personnels que les décisions judiciaires ; elle doit donc être écartée du débat.

2° Que la transcription ne dispenserait pas de vérifier l'origine de propriété ; que nul ne peut transmettre plus de droits qu'il n'en a lui-même, etc.

Encore une fois, c'est là tourner dans un cercle ; ces lieux communs juridiques, s'ils pouvaient avoir quelque valeur, détruiraient même la publicité restreinte du Code civil, puisqu'une seconde affectation hypothécaire est préférée à la première, si elle est inscrite avant celle-ci ; on peut donc, même sous le Code, transmettre des droits déjà cédés.

3° Qu'en tous cas, le droit de former tierce opposition serait ouvert à celui qui aurait traité avec le propriétaire dépossédé.

Dans bien des circonstances, une tierce opposition n'aurait aucune chance de succès ; et la plupart du temps, elle ne réparerait pas le préjudice causé au tiers qui se serait libéré de bonne foi entre les mains du vendeur dépossédé ; d'ailleurs où commence et où s'arrête le droit de former tierce opposition ? appartient-il aux créanciers inscrits, en faveur desquels surtout il devrait être formellement consacré ? Cela est au moins douteux d'après la jurisprudence.

4° Que la loi devrait dire quelles décisions, par défaut, contradictoires, en premier et dernier ressort, devraient être transcrites ; quel délai serait fixé pour la formalité ; quelle sanction en assurerait l'accomplissement ; et qu'ainsi, le système, inadmissible en principe, était impraticable dans l'application.

Voilà bien des difficultés accumulées ; cependant abordons-les résolûment :

Quant au premier point : *quelles décisions seraient transcrites ?* notre réponse est simple : Toutes sans exception. Toutes les décisions statuant sur des questions de propriété ou de jouissance d'immeubles seraient mentionnées, ainsi que nous l'avons dit, en marge de l'exploit introductif d'instance ; de sorte que les tiers connaîtraient toujours l'état de la procédure, et pourraient attendre pour contracter ou s'abstenir, qu'il y eût chose jugée dans un sens ou dans l'autre, pour ou contre le demandeur.

Quel délai serait fixé ? Nous réservons ce point pour le moment où nous traiterons spécialement la question du délai à fixer pour l'accomplissement de la formalité de l'inscription.

Et enfin *où serait la sanction ?* Elle serait évidemment dans le dommage que pourrait subir le demandeur en n'avertissant pas les tiers de la condamnation obtenue par lui, et en laissant ainsi au défendeur la disposition apparente de l'immeuble dont il aurait été dépossédé.

C'est ici le cas d'examiner une question qui intéresse au plus haut degré celle de la constitution de la propriété : nous voulons parler de l'autorité de la chose jugée. On comprend combien il importe aux tiers de pouvoir s'assurer si les jugements qui leur sont présentés comme titres de propriété sont complétement inattaquables, et cependant le Code de procédure ne leur permet pas d'acquérir cette certitude.

Le délai pour former appel des jugements est, suivant l'article 433, de trois mois qui commencent à courir : pour les jugements contradictoires, du jour de la signification à personne ou à domicile; et pour les jugements par défaut, du jour où l'opposition n'est plus recevable.

Et l'opposition est recevable, si le jugement est rendu contre une partie ayant un avoué, pendant la huitaine à compter du jour de la signification à avoué, et dans le cas contraire jusqu'à l'exécution du jugement (art. 157 et 158).

L'article 159 explique à quelles conditions le jugement est réputé exécuté.

Enfin le jugement par défaut, non exécuté dans les six mois de sa date, est réputé non avenu (art. 156).

Voilà des règles fixes, certaines, qui ne peuvent induire personne en erreur; mais viennent d'autres articles du Code de procédure, qui détruisent complétement cette certitude, et autorisent les tiers à douter pendant un temps indéterminé, trente ans peut-être, de la stabilité des jugements :

Ainsi, l'article 474, consacrant le droit de tierce opposition, droit que la doctrine permet d'exercer tant que le jugement n'est pas exécuté, et même après l'exécution, tant que le droit du tiers opposant nest pas prescrit;

L'article 484, disposant que le délai de trois mois, accordé pour la requête civile, ne courra contre les mineurs que du jour de la signification du jugement, faite depuis leur majorité, à personne ou domicile;

Et l'article 488, portant que lorsque les ouvertures de requête civile seront le faux, le dol, ou la découverte de pièces nouvelles, le délai ne courra que du jour où soit le faux, soit le dol, auront été reconnus, ou les pièces découvertes.

Sans doute, les droits dont il est question dans ces divers articles, méritent toute la vigilance de la loi; et la protection dont ils sont entourés, appliquée aux parties qui ont figuré dans les jugements, n'a rien que de juste et de raisonnable; mais envisagée sous le point de vue des tiers acquéreurs de bonne foi, elle devient contre ceux-ci une source d'erreurs et de préjudices; à quelle époque, par exemple, pourra-t-on acquérir un immeuble provenant de la résolution judiciaire d'un ancien contrat? Les articles 474, 484 et 488 permettent-ils de le savoir, et l'acquéreur peut-il payer le prix de cet immeuble avec tranquillité?

Pour remédier à cet inconvénient, nous proposerions :

1° Que dans toute instance sur des droits immobiliers, les tiers inscrits fussent appelés, ce qui du reste a aussi été demandé par la cour d'appel de Montpellier;

2° Que l'article 484 fût abrogé, les mineurs étant suffisamment protégés par l'article 444, qui ne fait courir le délai de l'appel que du jour de la signification des jugements, tant aux tuteurs qu'aux subrogés tuteurs;

3° Que l'article 488 fût aussi abrogé, mais à l'égard des tiers de bonne foi seulement; ceux-ci ne peuvent être victimes d'une fraude contre laquelle rien ne les met en garde, dont ils n'aperçoivent pas le moindre indice, et dont la sagacité la plus grande ne peut leur faire soupçonner l'existence.

Enfin les originaux des exploits de signification des jugements devraient être déposés aux greffes des tribunaux, avec les minutes des jugements; ces originaux, dont la représentation est nécessaire pour justifier que les jugements ont acquis l'autorité de la chose jugée, se perdent facilement, surtout après dix ou vingt ans, et nous avons vu plus d'une transaction empêchée par l'impossibilité de cette justification.

§ 2. — Ventes et échanges.

Pour les ventes et les échanges, il ne peut y avoir aucune difficulté; ce sont les actes les plus importants et les plus usuels, et ceux conséquemment dont l'ignorance serait le plus préjudiciable; le principe de la publicité, s'il est admis, doit s'appliquer en première ligne à ces contrats.

§ 3. — Servitudes. Définition de celles à inscrire.

Sur le fond de la question, la publicité des servitudes en général, la cour de cassation, les cours d'Agen et de Colmar, sont les seules qui se prononcent pour la négative absolue.

La cour de cassation soutient :

Que les servitudes n'amoindrissent jamais la valeur de l'immeuble, dans une proportion assez large pour arrêter le prêteur sur hypothèque ;

Qu'elles sont pour la plupart manifestes ;

Et que les assujettir à l'inscription, ce serait donner naissance à une foule de contestations.

Les cours d'Agen et de Colmar énoncent simplement que la formalité n'est pas utile, sans aucune preuve à l'appui de cette affirmation.

Sans manquer au respect dû aux lumières de la cour de cassation, nous croyons pouvoir dire qu'il existe un grand nombre de servitudes pouvant diminuer la valeur des propriétés dans une proportion assez notable pour faire subir des pertes au prêteur qui ne les aurait pas connues; telles sont notamment les défenses de bâtir ou d'élever au delà d'une certaine hauteur, d'ouvrir des jours, et en général toutes les servitudes prohibitives; d'ailleurs, indépendamment de l'intérêt des prêteurs, il y a encore à sauvegarder celui des acquéreurs, qui ne l'est que très-imparfaitement par l'article 1638 du Code civil; une servitude onéreuse peut en effet n'être révélée à l'acquéreur qu'après sa libération, et à quoi lui servirait alors le droit à une indemnité, ou le droit de faire résilier le contrat, si son vendeur était devenu insolvable ?

Il est à remarquer que les servitudes qui apportent au fonds la plus grande dépréciation, et dont il importe le plus de connaître l'existence, sont précisément celles qui ne sont pas apparentes, et au nombre desquelles figurent les servitudes prohibitives dont nous parlions tout à l'heure.

Les contestations nombreuses que prévoit la cour de cassation pourraient se réaliser en effet si toutes les servitudes, sans exception, devaient être assujetties à l'inscription ; mais nous croyons qu'il en naîtrait davantage d'un régime de dispense absolue, et qu'il est possible d'éviter les extrêmes en recherchant et précisant avec soin les servitudes susceptibles d'être rendues publiques.

Là est donc le point fondamental : indiquer les servitudes qui devront être soumises à l'inscription.

Le Code civil (art. 639) distingue les servitudes en trois classes comme dérivant : de la situation naturelle des lieux, des obligations imposées par la loi, ou des conventions entre les propriétaires ; il y a donc les servitudes naturelles, légales et conventionnelles.

Il n'est pas besoin d'expliquer que nous n'avons à nous occuper que des servitudes conventionnelles, les autres étant nécessairement dispensées de l'inscription, puisqu'elles existent indépendamment du fait de l'homme.

Les servitudes conventionnelles se divisent en continues et discontinues (art. 688); elles sont apparentes ou non apparentes (art. 689).

Enfin les servitudes continues et apparentes sont les seules qui puissent s'acquérir par la possession de trente ans ; les autres ne peuvent s'établir que par titres (art. 690 et 691).

Ces points établis, résumons rapidement les diverses opinions émises par les autorités qui ont traité de la publicité des servitudes.

La publicité serait obligatoire :

Suivant la majorité des cours et facultés pour les servitudes conventionnelles en général ;

Suivant les facultés de Caen et de Strasbourg pour les servitudes occultes ;

Suivant la cour de Dijon, pour les servitudes autres que les servitudes naturelles, apparentes et continues ;

Suivant la cour de Douai, pour celles qui ne s'acquièrent que par titres ;

Suivant la cour de Grenoble, pour les servitudes conventionnelles, apparentes ou non apparentes, en exceptant toutefois celles résultant de la destination du père de famille;

Suivant la cour de Montpellier, pour les servitudes prohibitives, et en général celles qui emportent le droit de jouir de certaines parties du fonds, de ses produits ou de ce qui s'y unit par droit d'accession ;

Enfin suivant la faculté de Paris, pour les servitudes continues non apparentes, et les servitudes discontinues, et de plus pour les conventions de mitoyenneté et de non-mitoyeneté, quand il y a manque du contraire, c'est-à-dire quand l'apparence est contraire au titre.

Les servitudes indiquées par la Faculté de Paris sont celles qui ne s'acquièrent que par titres ; l'opinion de la Faculté de Paris est donc conforme à celle de la cour de Douai, sauf l'addition faite par cette Faculté des conventions de mitoyenneté et non-mitoyenneté.

La formule de la Faculté de Paris, avec cette addition , nous paraît plus complète que toutes les autres ; nous croyons cependant qu'il faut encore y ajouter les servitudes continues et apparentes résultant de titres. Ces servitudes peuvent s'acquérir, suivant l'art. 691 déjà cité , par titres ou par la possession de trente ans; pour celles acquises par la possession, il n'y a pas d'inscription possible, mais elles existent, et le fait de leur existence tiendra lieu de l'inscription; quant à celles résultant de titres , elles peuvent être inscrites et doivent l'être, parce qu'il peut s'écouler, entre le jour du titre et celui où la servitude sera créée et deviendra apparente , un intervalle assez long pendant lequel les tiers pourraient être trompés.

Les servitudes résultant de la destination du père de famille, étant continues et apparentes , sont dispensées de titre par l'article 692; elles seront donc aussi dispensées de l'inscription.

La formule de la cour de Grenoble, qui se rapproche de celle de la majorité des cours et facultés, pèche par un point, comme celles-ci , en n'exceptant pas de l'inscription les servitudes continues et apparentes acquises par la simple possession.

La cour de Dijon comprend à tort dans sa formule les servitudes purement légales qui, en général, ne peuvent être soumises à l'inscription, puisque aucun titre ne les constate ; et elle oublie, en revanche, les servitudes continues et apparentes acquises par titres, qui doivent, ainsi que nous l'avons dit, être rendues publiques par l'inscription,

Enfin la définition de la cour de Montpellier ne nous paraît pas assez précise, et elle a le tort de n'employer aucun des termes de la loi, ce qui contribue à lui donner un vague qui nous porte à la rejeter.

En résumé, la définition des servitudes qui seront soumises à l'inscription, doit être, selon nous, formulée comme il suit :

Les servitudes continues et apparentes, acquises par titres,

Les servitudes continues, non apparentes ;

Les servitudes discontinues apparentes ou non apparentes ;

Les conventions de mitoyenneté ou non-mitoyenneté, lorsque l'apparence sera contraire à la convention.

§ 4. — Donations et institutions contractuelles.

La publicité des donations étant déjà obligatoire sous le Code civil, il serait superflu d'insister à cet égard.

Nous proposons d'ajouter les donations de biens à venir connues sous le nom d'institutions contractuelles, faites soit au profit des époux, soit entre les époux eux-mêmes, par contrat de mariage ; ces donations, il est vrai, n'empêchent pas les aliénations à titre onéreux des immeubles du donateur, et dès lors les acquéreurs directs de ceux-ci n'ont aucun intérêt à connaître la disposition ; mais si l'inscription n'était pas obligatoire, il pourrait arriver que l'instituant fît au profit d'un étranger une donation nécessairement sans valeur, et que l'immeuble ainsi donné fût revendu à un tiers de bonne foi, qui n'aurait pu avoir connaissance de l'institution, et qui devrait ensuite restituer à l'héritier institué un immenble dont il aurait payé le prix.

§ 5. — Testaments.

Contre la publicité des testaments, on fait valoir (notamment la Faculté de droit de Strasbourg) :

1° Que cette formalité serait contraire au principe qui veut que les légataires de corps certains soient saisis du jour du décès du testateur ;

2° Que l'existence des testaments reste souvent inconnue pendant un long espace de temps, de telle sorte que, l'inscription pouvant ainsi devenir impossible, le légataire encourrait la déchéance de l'objet légué.

3. Que ceux qui traitent avec un individu se disant héritier, doivent savoir que le défunt peut avoir fait un testament, et que lorsqu'ils ne peuvent se procurer une certitude suffisante, la prudence veut qu'ils s'abstiennent de traiter, ou qu'ils stipulent des garanties convenables.

Voyons si ces motifs ne sont pas plus spécieux que réels :

L'inscription est sans doute contraire au principe de la saisine ; mais ne l'est-elle pas au même degré au principe de la transmission de la propriété, par le seul effet du consentement? La rigueur du principe doit fléchir devant l'utilité publique bien constatée.

Il n'est pas exact de dire d'une manière absolue qu'à défaut d'inscription, le légataire encourrait la déchéance du legs ; il est bien évident qu'entre les parties, les actes non inscrits produiront toujours leur effet ; ainsi, la déchéance ne serait encourue que dans le cas d'une aliénation faite par l'héritier frauduleusement, ou dans l'ignorance du testament ; mais ce cas de fraude ou d'erreur admis, sur qui la perte doit-elle tomber? Est-ce sur le tiers qui a traité de bonne foi avec l'héritier, le seul représentant du défunt qu'il lui soit possible de connaître? N'est-ce pas plutôt sur le légataire, qui, en définitive, ne fait aucune perte réelle, mais est simplement privé d'un bénéfice? N'y a-t-il pas quelque analogie entre cette situation et celle résultant des ventes faites par l'héritier apparent, ventes validées par une jurisprudence à peu près constante? Et ne doit-on pas, dans le premier cas aussi bien que dans le deuxième, donner la préférence à celui *qui certat de vitando damno*, sur celui *qui certat de lucro captando*.

Enfin, la présomption alléguée en dernier lieu, que le défunt peut avoir fait un testament, ne peut être d'aucun secours pour ceux qui traitent avec l'héritier , car ils sont dans l'impossibilité absolue de vérifier la valeur de cette présomption , et ils ne peuvent conséquemment stipuler aucune garantie convenable , puisque cette garantie devrait être pour ainsi dire perpétuelle , aucun délai ne pouvant être assigné où elle deviendrait inutile ; ainsi , cette présomption , présentée comme un gage de sécurité, est au contraire, selon nous , de nature à n'en pas laisser, et conduira le plus souvent à observer la règle de prudence recommandée par la faculté de Strasbourg, *dans le doute, abstiens-toi*; règle qui , pour le dire en terminant, ne serait rien moins que la négation du droit, un déni de justice de la loi.

§ 6. — Partages et licitations.

I. La cour d'Agen et la cour d'Angers déclarent sur la question de la publicité des partages et licitations :

La première, qu'il serait impossible de soumettre ces actes à l'inscription, et cela sans fournir aucune preuve à l'appui de cette prétendue impossibilité.

La seconde , que l'adoption de cette mesure est incompatible avec l'article 883 du Code civil ;

Que le cessionnaire de droits indivis par un acte postérieur au partage, apprendra nécessairement l'existence de ce partage, soit par des communications amiables , soit par la signification de son titre ;

Et enfin que la perception du droit de transcription auquel seraient soumis les partages , ne pourrait être mise en balance avec le faible degré d'utilité de la mesure.

A cela, nous répondons que si l'inscription est utile en elle-même, l'incompatibilité qui existerait entre cette mesure et le principe de la rétroactivité des partages , ne saurait être un motif de la faire rejeter : il suffirait, pour concilier ce principe avec la règle nouvelle, de lui faire subir quelques modifications réclamées d'ailleurs par l'équité.

Ainsi, est-il juste , est-il moral que l'héritier grevé d'hypothèques légales ou judiciaires, ou même d'hypothèques conventionnelles, sur ses biens à venir, puisse en anéantir l'effet par une licitation ou par un partage dans lequel il ne lui serait attribué que des valeurs mobilières? Quel inconvénient y aurait-il pour ce cas à abandonner la fiction de la rétroactivité, en maintenant les hypothèques jusqu'à concurrence des soultes, des prix de licitation, ou des valeurs mobilières attribuées en compensation des immeubles, et en accordant bien entendu comme conséquence de l'hypothèque le droit de surenchère ?

La loi accorderait ainsi directement, et par sa seule puissance, ce qu'elle oblige les parties à chercher dans des équivalents ; ainsi, dans la pratique, l'hypothèque consentie sur une portion indivise d'immeubles, est toujours suivie du transport des soultes du partage ou du prix de la licitation, transport qui a le double inconvénient d'occasionner un supplément de frais, et de n'offrir qu'une garantie douteuse ; car il n'est point sanctionné par le droit de surenchère ; et d'ailleurs, portant sur des valeurs éventuelles, il n'est pas certain qu'il en fasse acquérir la saisine au créancier avant l'événement, c'est-à-dire avant la réalisation du partage ou de la licitation.

On nous objectera qu'il deviendrait difficile de faire par une même opération le partage des meubles et des immeubles d'une succession, puisque les copartageants, abandonnataires des immeubles, se trouveraient exposés à être grevés d'hypothèques, du chef de leurs copartageants abandonnataires des valeurs mobilières, et qu'ils seraient ainsi soumis à une éviction sans être débiteurs d'aucune somme envers ceux-ci. Cette difficulté disparaîtrait entièrement en suspendant l'effet des partages jusqu'à leur inscription et en les subordonnant à la condition qu'aucune inscription ne surviendrait du chef des copartageants abandonnataires de la soulte ou des valeurs mobilières.

Les partages en nature, sans soulte, resteraient soumis au principe de la rétroactivité.

Le second motif de la cour d'Angers n'est pas exact, en ce sens qu'un héritier recevant la signification d'un acte portant cession ou hypothèque des droits indivis de son cohéritier, n'est pas légalement obligé de faire savoir au cessionnaire ou au créancier si le partage a été effectué.

Quant au droit de transcription, présenté comme un obstacle

à la publicité, il nous semble qu'une mesure fiscale ne doit jamais empêcher l'adoption d'une disposition législative dont l'utilité serait reconnue ; au surplus, les partages en nature, sans soulte, pourraient être affranchis de ce droit, qui ne serait perçu que sur les partages avec soulte ou attribution de mobilier en compensation d'immeubles et sur les licitations.

II. La Faculté de droit de Strasbourg reproduit l'objection déjà soulevée par la cour d'Angers, et à laquelle nous venons de répondre, sur l'incompatibilité qui existerait entre la transcription des partages et leur rétroactivité : et elle se demande s'il ne serait pas imprudent de toucher à la disposition de l'article 882 du Code civil, qui a pour but, dit cette Faculté, d'assurer le repos des familles en déclarant les créanciers d'un copartageant non recevables à attaquer, sous un prétexte quelconque, le partage consommé sans opposition de leur part.

Nous ne saisissons pas quel rapport il y a entre cette disposition et celle qui prescrirait la publicité des partages ; non-seulement l'article 882 conserverait toute sa force à l'égard des créanciers chirographaires ; mais encore il deviendrait à peu près superflu vis-à-vis des créanciers inscrits, qui n'auraient plus aucun prétexte pour attaquer le partage, puisque leurs inscriptions ne pourraient plus être anéanties, comme sous le système actuel, par une licitation ou un partage ayant les apparences de la bonne foi, mais dans la réalité fait en fraude de leurs droits.

III. La Faculté de Poitiers a émis l'opinion de ne soumettre à l'inscription que les partages ne contenant pas un lotissement en immeubles, conforme aux portions viriles de chaque héritier, c'est-à-dire les partages avec soultes, et ceux dans lesquels il y aurait compensation d'une part plus forte du mobilier, avec une part moins forte d'immeubles.

Lorsque les immeubles ont été partagés en autant de lots qu'il y a de copartageants, les tiers n'ont pas un intérêt *bien grand*, suivant l'expression de cette faculté à connaître par l'inscription l'existence de l'acte de partage.

Il est vrai que le partage, effectué dans ces conditions, est moins utile à connaître pour les tiers que les partages avec soulte ou compensation de mobilier : il peut arriver cependant, qu'après le partage opéré, l'un des copartageants, se disant encore dans l'indivision, hypothèque ou vende sa quote-part héréditaire des immeubles de la succession ; la validité de la vente ou de l'hypothèque, ainsi consentie, pourrait être contestée, victorieusement peut-être, soit par les créanciers chirographaires du copartageant, soit par un tiers auquel il aurait vendu ou hypothéqué postérieurement la portion divise à lui attribuée par le partage.

Pour éviter la possibilité de cette fraude, et les procès qu'elle ferait surgir, nous pensons qu'on doit soumettre à une inscription sommaire, même les partages contenant des lotissements égaux.

IV. La cour de Montpellier admet le système de la publicité des partages, mais en maintenant dans son entier le principe de la rétroactivité.

En outre, elle demande, dans l'intérêt des tiers, que dans l'année du décès, aucune aliénation ni hypothèque ne puisse être consentie par l'un des héritiers sans le concours des autres, à moins qu'il n'y eût eu partage préalable, et que si, après ce terme, l'indivision durant toujours, il était consenti des aliénations ou hypothèques par l'un des cohéritiers, le partage ne pût avoir lieu sans que les tiers acquéreurs ou créanciers y fussent appelés.

Les tiers ainsi appelés auraient le droit d'obliger à former pour leur auteur un lot d'attribution et à y comprendre les immeubles vendus ou hypothéqués, à la seule condition qu'il existât, pour remplir les autres héritiers, des valeurs suffisantes, de quelque nature qu'elles fussent, meubles ou immeubles.

Enfin, à défaut de transcription, les partages seraient considérés comme non avenus à l'égard des tiers qui auraient postérieurement acquis des droits du chef de l'un des copartageants ; il y aurait lieu de procéder avec eux à un nouveau partage dans lequel on suivrait les règles tracées ci-dessus.

Le système tout nouveau présenté par la cour de Montpellier, et dont nous venons de faire un résumé succinct, est fondé sur cette hypothèse qu'un tiers peut être trompé en acquérant d'un cohéritier la totalité d'un immeuble dans lequel il n'aurait que des droits indivis : la cour tire de là cette conséquence exorbitante que le tiers acquéreur aurait la faculté d'obliger les cohéritiers de son auteur à lui délivrer l'immeuble acquis, en faisant pour celui-ci un lot d'attribution.

Mais cette hypothèse ne peut être, il nous semble, le véritable point de départ de la question, parce qu'elle se réalise rarement, et que, lorsqu'elle se réalise, il y a faute de la part du tiers acquéreur, qui pouvait, par l'examen des titres ou de la qualité de son vendeur, se convaincre que celui-ci ne possédait qu'une portion indivise de l'immeuble, au lieu de la totalité; la loi n'a point pour mission de prémunir les citoyens contre leur négligence ou leur imprudence, elle doit se borner à leur fournir les moyens d'éviter les fraudes dont ils pourraient être victimes.

Que deviendrait d'ailleurs la règle de l'égalité des partages, en présence de cette autorisation, pour ainsi dire légale, accordée à l'un des cohéritiers de vendre seul, pendant l'indivision, tel immeuble qu'il lui plairait ? N'arriverait-il pas souvent que ce cohéritier, convoitant un immeuble plus à sa convenance, en ferait une vente simulée, pour se le faire attribuer lors du partage, au détriment d'un autre cohéritier auquel le même immeuble aurait peut-être autant convenu ?

L'un des cohéritiers pourrait même, par ce moyen, se faire attribuer la totalité des immeubles, s'il existait dans la succession des valeurs mobilières suffisantes pour ses cohéritiers, ce qui serait contraire à toute équité.

Il est donc plus juste et plus logique de rester dans les principes du Code ; vendre la totalité d'un immeuble dont on ne possède qu'une portion indivise, c'est, si l'immeuble ne vous échoit pas en partage, vendre la chose d'autrui, et celui qui consent à faire une telle acquisition doit en subir les conséquences.

La prohibition d'aliéner ou d'hypothéquer pendant l'année du décès, sans le concours de tous les héritiers, est sans utilité; cette prohibition existe en fait aujourd'hui; car une aliénation ou une hypothèque ainsi consentie deviendrait nécessairement nulle, si l'immeuble qui en forme l'objet ne tombait pas dans le lot du cohéritier vendeur ou emprunteur; dans le cas contraire, elle se consoliderait, ce qui n'arriverait pas dans le système de la cour de Montpellier, qui veut une prohibition absolue.

Il pourrait arriver cependant que les tiers pussent être trompés en traitant avec un héritier qu'ils croiraient unique et qui aurait des cohéritiers; mais ce point rentre dans la question des actes consentis par l'héritier apparent, question que nous examinerons au chap. III, p. 50.

§ 7. — Sociétés, avec apports immobiliers.

Les immeubles apportés dans une société, étant transmis à la société qui en devient réellement propriétaire, cette transmission a besoin d'être rendue publique aussi bien que celles qui s'opèrent par ventes, donations, etc.

§ 8. — Exercice du droit de réméré.

Le rachat d'un immeuble qui avait été vendu à réméré n'opère pas une mutation nouvelle de cet immeuble; il n'est que la réalisation de la condition résolutoire prévue, qui rétroagit au jour du contrat de vente, et fait disparaître ce contrat; néanmoins l'acquéreur à réméré ayant été propriétaire publiquement, il est nécessaire que sa dépossession soit aussi rendue publique, par l'inscription du rachat.

Il y aurait avantage sur le système actuel, avec lequel on ne peut obtenir la certitude juridique que le réméré n'a pas été exercé, et que l'acquéreur est resté propriétaire incommutable, tandis que l'inscription du rachat étant obligatoire, cette certitude serait acquise par un certificat négatif d'inscription.

§ 9. — Contrats relatifs aux fruits des immeubles.

La cour de Bordeaux s'oppose à la transcription de tout contrat d'usufruit ou d'antichrèse, parce qu'il est toujours facile à celui qui veut acquérir un immeuble, de s'assurer si la perception des fruits est faite par le propriétaire ou l'usufruitier.

Et quant à l'antichrèse, elle dit que ce contrat témoigne d'un tel dérangement dans la fortune du débiteur, que la notoriété publique avertit toujours les tiers que l'immeuble n'est pas exploité par le propriétaire.

La cour de Rouen admet la publicité légale pour les actes relatifs aux fruits des immeubles en général, même pour les cessions de fruits et les antichrèses, mais elle refuse de l'étendre aux baux, à cause des frais considérables qu'entraînerait l'accomplissement de la formalité, et du danger qu'aurait son inobservation de mettre fréquemment des locataires ou des fermiers de bonne foi à la merci d'acquéreurs difficiles ou exigeants; d'ailleurs, la seule chose à craindre pour les tiers, suivant la cour de Rouen, c'est l'apparition concertée de baux faits à vil prix et avec des payements anticipés, baux dont les tribunaux, mus par le sentiment de l'équité, ne manquent pas de faire justice.

Telles sont, en substance, les seules objections que nous ayons rencontrées contre la publicité des actes emportant aliénation de l'usufruit ou de la jouissance des immeubles.

Les motifs allégués par la cour de Bordeaux reposent sur cette hypothèse, souvent fausse, que les parties se connaissent toujours, et que le contrat de bail ou d'antichrèse se passe toujours dans la circonscription d'un bourg ou d'une petite ville ; la notoriété dont elle parle, en admettant même qu'elle ne fasse jamais défaut, pourrait sans doute avertir les tiers du mauvais état des affaires de ceux avec lesquels ils traitent, mais elle ne leur ferait pas découvrir une antichrèse dissimulée avec soin, et de concert peut-être avec l'antichrésiste.

Rappelons-nous d'ailleurs que dans les questions qui nous occupent, c'est la bonne foi que nous avons à protéger contre la fraude, et qu'il vaut mieux écrire dans la loi des dispositions préservatives, que de laisser subsister la possibilité de fraudes, dont la répression doit être soumise aux chances d'une décision judiciaire.

Quant aux frais qu'entraînerait l'accomplissement de la formalité, nous répétons ce que nous avons dit pour les partages : la question fiscale doit céder le pas à la question civile ; les baux ne devront être passibles que d'un droit fixe, et cette faible perception, combinée avec l'obligation qui devrait être imposée aux notaires de faire opérer l'inscription, serait de nature à rassurer contre le danger, signalé par la cour de Rouen, de mettre fréquemment des fermiers ou des locataires de bonne foi à la merci d'acquéreurs difficiles et exigeants.

L'inscription ne serait obligatoire pour les actes dont nous nous occupons que lorsqu'ils excéderaient les limites ordinaires de l'administration, soit sous le rapport de la durée, soit à cause des payements faits d'avance au propriétaire, comme nous l'avons indiqué au commencement de ce chapitre.

Plusieurs cours et Facultés qui ont examiné cette question au point de vue spécial des baux, sont en divergence d'opinion sur le degré de durée qui doit rendre la formalité obligatoire.

Une durée de neuf ans est proposée par les cours de Dijon, Grenoble, Montpellier, Riom, les Facultés de Caen, Poitiers et Strasbourg.

Les cours d'Amiens et d'Angers préfèrent une durée de dix-huit ans ; et les cours de Bastia, Douai, Poitiers, la Faculté de Rennes, paraissent se rapprocher de ce dernier avis en indiquant comme devant être transcrits les baux à longues années, sans préciser autrement le terme de leur durée.

La cour de Paris propose la durée de neuf ans pour les baux à loyer, et celle de dix-huit ans pour les baux à ferme.

Enfin les cours d'Agen, de Metz, et la Faculté de Paris, fixeraient : la première, une durée de trois ans, la seconde, une durée d'un an, et la troisième, une durée égale à celle des baux verbaux.

C'est entre ces divers délais que nous avons choisi celui de douze ans comme terme moyen.

Il convient d'examiner à quelle époque serait fixé le point de départ de la durée qui pourrait être opposée par les fermiers ou locataires aux tiers acquéreurs; la cour de Grenoble s'est seule prononcée à cet égard, et a fixé le point de départ au jour de l'aliénation de l'immeuble; cette fixation nous paraît rationnelle et nous l'adoptons sans hésiter.

Les aliénations de fruits pour un prix payé d'avance, les payements par anticipation de loyers et fermages, offriraient une occasion facile à la fraude, si l'inscription n'en était pas ordonnée, lorsque les sommes payées excèdent une certaine durée.

Nous avons proposé que cette durée fût fixée à une année; la majorité des cours et facultés s'est prononcée dans le même sens; la cour de Grenoble et la faculté de Rennes ont seules demandé que la durée fût de deux et de trois ans, durée évidemment trop longue et qui mettrait les tiers acquéreurs dans une situation plus précaire qu'aujourd'hui, attendu qu'il est fort douteux que les tribunaux reconnaissent la validité de payements de loyers par anticipation excédant une année.

§ 10. — Concessions de mines, etc — Ventes de coupes, superficies.

Les concessions de mines, carrières, minières, tourbières, etc., ont pour résultat d'enlever aux terrains où doit se faire l'exploitation, une partie importante, quelquefois la presque totalité de leur valeur; elles peuvent ainsi équivaloir, dans certaines circonstances, à l'aliénation de la propriété elle-même.

Il en est de même, dans une proportion un peu moins élevée, de la vente des coupes de bois et superficies à défricher; mais ici la fraude serait plus facile et pourrait être plus fréquente, car celui qui achète un bois, une forêt, n'a aucun moyen de s'assurer si la superficie n'est pas aliénée.

Il y a donc nécessité de soumettre ces contrats à l'inscription pour compléter le système de la publicité légale.

§ 11. — Cessions, nantissements, saisies-arrêts.

Les actes de cession et de nantissement doivent, pour opérer la saisine du cessionnaire et du créancier, être signifiés au tiers débiteur, ou acceptés par lui dans un acte authentique.

Ces précautions ne sont pas suffisantes lorsque la créance formant l'objet de la cession ou du nantissement est garantie par un privilége ou une hypothèque; la cession surtout est souvent un mode de placement de capitaux, et il importe que le prêteur ou cessionnaire obtienne la certitude complète, légale, que l'effet de son transport n'est pas empêché par une saisie-arrêt ou un premier transport signifiés précédemment; cette certitude, disons-le hautement, le Code civil ne permet pas de l'acquérir : si le tiers débiteur intervient dans l'acte de transport ou de nantissement pour l'accepter, qui l'empêche, par suite d'un concert frauduleux, d'affirmer faussement qu'il n'a pas reçu d'opposition ou de signification antérieure? Il serait, il est vrai, responsable de son affirmation; mais cette responsabilité peut être illusoire et le serait probablement dans l'hypothèse admise d'un concert frauduleux. Si au lieu de demander l'acceptation du tiers débiteur dans un acte authentique, le cessionnaire ou créancier lui signifie son titre, la loi lui refuse encore le moyen de s'assurer s'il est saisi de la créance; il ferait inutilement sommation au tiers débiteur de déclarer s'il existe un empêchement; celui-ci n'est pas tenu de répondre; d'ailleurs, s'il répond, sa déclaration peut être fausse tout aussi bien que lorsqu'il accepte dans un acte authentique; le cessionnaire a-t-il au moins la ressource de procéder comme en matière de saisie-arrêt, et d'assigner le tiers débiteur en déclaration affirmative? Il est douteux que la loi permette l'emploi de ce moyen : et d'ailleurs, en l'admettant, quelle procédure longue et coûteuse pour acquérir une certitude qu'il est si facile d'obtenir en rendant obligatoire l'inscription des actes de cession et de nantissement !

Cette inscription devient surtout d'une utilité incontestable, lorsque l'immeuble grevé passe en d'autres mains; le créancier faisant, dans ce cas, le transport de la créance, son cessionnaire pourrait, dans l'ignorance de la vente, ne signifier qu'au débiteur primitif, vendeur de l'immeuble; il ne serait pas tenu d'ailleurs de faire cette signification à l'acquéreur; celui-ci resterait. donc exposé à se libérer de son prix entre les mains du créancier qui aurait cédé sa créance, ce qui ne le dispenserait pas de le payer une seconde fois entre les mains du cessionnaire. On objectera que le vendeur serait responsable envers l'acquéreur s'il laissait le créancier inscrit recevoir au détriment du cessionnaire; mais le régime hypothécaire ne peut être établi sur des responsabilités personnelles qui deviennent inutiles lorsque le responsable est insolvable.

Ce que nous venons de dire des actes de cession et de nantissement s'applique aux saisies-arrêts de créances inscrites; elles doivent, par des motifs identiques, être mentionnées en marge des inscriptions conservant ces créances.

Si la règle de l'inscription doit être admise pour les cessions, nantissements. ou saisies-arrêts de créances conservées par des priviléges, ou des hypothèques judiciaires et conventionnelles, il est encore plus indispensable d'y soumettre les mêmes actes lorsqu'ils s'appliquent à des créances conservées par des hypothèques légales, aucune sécurité n'étant possible autrement, comme nous le démontrerons en traitant spécialement des hypothèques légales sous le chapitre IV.

CHAPITRE III.

LES INCAPACITÉS CIVILES ET LES TRANSMISSIONS HÉRÉDITAIRES DOIVENT RESTER AFFRANCHIES DE LA PUBLICITÉ, SAUF A AMÉLIORER LE SYSTÈME ACTUEL VIS-A-VIS DES TIERS.

§ 1er. — Indication des autorités qui ont émis un avis contraire.

Plusieurs cours et Facultés. dans le désir d'accroître la sécurité des transactions, ont voulu donner une plus grande extension au régime de la publicité, et proposent d'y soumettre toutes les causes d'incapacité civile, telles que l'interdiction, la nomination d'un conseil judiciaire, la privation des droits civils, la faillite.

Les cours de Dijon et de Riom se prononcent dans ce sens.

La Faculté de Poitiers ajoute à cette nomenclature, les interdictions d'aliéner, stipulées par contrat de mariage.

La cour de Montpellier croit que la nécessité de l'inscription existe aussi pour les jugements prononçant la séparation de biens.

Enfin la même cour, la cour de Riom et la Faculté de droit de Paris veulent assujettir à la même formalité les transmissions héréditaires d'immeubles ; la Faculté de Paris ajoute les jugements prononçant l'envoi en possession provisoire ou définitive des biens des absents.

Ainsi que nous l'avons déjà expliqué, le système que nous proposons a pour but de faire connaître aux tiers : d'une part, le véritable propriétaire des immeubles au sujet desquels ils contractent, ce qui est complétement impossible sous la législation actuelle ; et, d'autre part, l'état certain de toutes les charges qui pèsent sur ces immeubles, ce qui est également impossible avec le régime de demi-publicité adopté par cette législation.

Les diverses modifications demandées par nous dans le cours de cet ouvrage nous paraissent atteindre ce but ; vouloir aller plus loin serait difficile, peut-être impraticable ; en exagérant le principe de la publicité, excellent en soi, on imite ces esprits absolus qui, une idée bonne une fois émise, veulent y soumettre de gré ou de force tout ce qui y touche de près ou de loin, même les choses qui, par leur nature, y sont antipathiques et rebelles ; il faut donc se garder d'embarrasser le rouage, assez compliqué déjà, du régime hypothécaire, de formalités coûteuses et sans utilité réelle.

C'est guidé par ces considérations, que nous examinerons les raisons qui ont conduit les autorités citées plus haut à demander la publicité des incapacités civiles et des transmissions héréditaires d'immeubles.

§ 2. — Des incapacités civiles.

I. La cour de Dijon trouve insuffisantes les mesures indiquées par la législation actuelle pour rendre publiques

les diverses causes d'incapacité civile ; et pour y remédier, elle propose de les inscrire à un domicile per-
manent qui serait le domicile d'origine , c'est-à-dire celui
du lieu où sont nés les incapables ; pour les étrangers,
il y aurait un domicile commun créé à Paris.

Ce moyen, en théorie, serait excellent sans doute, mais il ne
faut pas se dissimuler que dans la pratique il ne serait d'aucun
usage ; il est certain que jamais il ne serait demandé aux parties
contractantes un certificat constatant qu'elles ne sont ni inter-
dites, ni soumises à un conseil judiciaire, ni en état de faillite,
ni enfin frappées de condamnations judiciaires ; il y aurait là
quelque chose qui répugnerait aux rapports ordinaires de la vie,
et ce ne pourrait être que dans les cas exceptionnels, où il y aurait doute sur la capacité, que la demande du certificat serait
exigée ; et pour ces cas, la loi actuelle fournirait des moyens
suffisants de faire cesser le doute, puisque les jugements prononçant les incapacités doivent être publiés dans certaines formes
déterminées.

II. Suivant la cour de Riom, il serait fait une inscription, à la requête des tuteurs et des syndics, à la conservation des arrondissements de la situation des immeubles que les propriétaires ne peuvent plus aliéner.

Ce mode serait plus praticable que celui indiqué par la cour
de Dijon, en ce qu'il ne nécessiterait pas la demande, souvent
à un bureau fort éloigné, d'un certificat spécial sur les incapacités ; il est déjà en vigueur pour les faillites, puisque aux termes
de l'art. 490 du Code de commerce, les syndics sont obligés de
prendre inscription sur les biens du failli, au profit de la masse
des créanciers ; il ne nous paraît pas utile de l'étendre aux autres
causes d'incapacité, qui acquièrent toujours une bien plus
grande notoriété, ou se révèlent la plupart du temps au seul
aspect de l'incapable.

Nous nous bornerions à cette seule modification, que l'inscription sur les biens du failli fût prise à la requête des syndics provisoires, au lieu de l'être par les syndics définitifs, et
dans un délai qui concorderait avec notre système général de
publicité, le délai de vingt jours par exemple, qui est celui que

nous proposerons pour l'inscription des actes translatifs ou déclaratifs de propriété et de jouissance.

III. L'inscription, demandée par la Faculté de Poitiers, des interdictions d'aliéner stipulées par contrat de mariage, n'est pas possible; car le mari seul, pour les biens à venir, pourrait en être chargé, et vis-à-vis des tiers, on ne voit pas où serait la sanction de la disposition légale. Du reste, cette inscription n'est pas nécessaire; les tiers peuvent se faire représenter le contrat de mariage, et ils ne doivent imputer qu'à leur imprudence le préjudice qu'ils éprouvent.

Il existe pourtant ici une lacune dans la loi actuelle; il peut arriver qu'un mari déclare faussement qu'il n'y a pas eu de contrat de mariage, et les tiers, croyant à l'existence d'une communauté légale, sont victimes d'une fraude qu'ils n'ont pu éviter.

Pour compléter notre système, qui consiste, ainsi que nous l'avons dit, à toujours mettre à la disposition des tiers les moyens de traiter avec sécurité, nous demanderions que les actes de célébration civile du mariage énonçassent la date du contrat de mariage et le nom du notaire qui l'aurait reçu; à défaut de cette énonciation, les époux seraient dans tous les cas, et malgré l'existence d'un contrat, soumis au régime de la communauté légale.

IV. Quant à la transcription ou à l'inscription des jugements de séparation de biens, demandée par la cour de Montpellier, elle ne nous semble d'aucune utilité; la séparation n'apporte aucune diminution à la capacité des parties, elle n'opère aucune mutation de propriété; la publicité actuelle est donc suffisante.

§ 3. — Des transmissions héréditaires.

La nécessité de l'inscription des testaments étant admise, on ne comprendrait pas l'utilité d'assujettir à la même formalité les transmissions héréditaires; ces transmissions sont la règle, et les testaments l'exception. Les premières résultent d'un fait patent, connu de tous, le décès; les testaments résultent d'un acte qui ne peut être connu s'il n'est rendu public par l'inscription.

Mais si le fait même de la transmission n'a pas besoin d'être porté à la connaissance des tiers, il leur importe au plus haut point de pouvoir connaître d'une manière certaine ceux en faveur de qui elle s'opère; il est constant que cette possibilité n'existe pas avec le Code civil; aussi est-il souvent arrivé que les biens d'une succession ont été aliénés par ceux qui n'en avaient que la possession apparente. De là des procès nombreux, et une jurisprudence longtemps flottante sur la question de la validité des aliénations faites par les héritiers apparents en faveur des tiers de bonne foi.

C'est surtout sous ce dernier point de vue que plusieurs cours et Facultés ont recherché si la publicité des transmissions héréditaires ne pouvait devenir un moyen efficace de remédier aux inconvénients signalés; les cours de Montpellier et de Riom et la Faculté de Paris sont d'accord sur le principe de cette publicité, mais elles diffèrent dans l'exécution; nous examinerons successivement leurs systèmes.

I. La cour de Montpellier demande, pour que les actes faits par l'héritier apparent soient inattaquables : 1° qu'il soit fait au greffe du tribunal du lieu de l'ouverture de la succession *ab intestat*, un procès-verbal portant déclaration de prise de possession, qui serait transcrit au bureau des hypothèques; 2° qu'il se soit écoulé trois années de paisible possession de la part de l'héritier apparent, à dater de la transcription de ce procès-verbal.

Cette formalité nouvelle d'une déclaration de prise de possession ne nous paraît pas fondée en raison; car elle produirait cette conséquence, que l'héritier apparent se créerait un titre à soi-même. La possession réelle, physique, des biens de la succession, est assurément un titre plus fort que cette déclaration; et elle sera toujours plus efficace pour avertir l'héritier légitime de l'usurpation.

Pour faire admettre cette formalité, on a dit qu'elle ne serait usitée que dans un petit nombre de successions collatérales, où les héritiers ne seraient pas bien connus; nous pensons, au contraire, que, si elle était admise, elle devrait toujours être accomplie; car toutes les fois qu'elle serait omise, les acquéreurs

des biens de la succession seraient dans une situation plus mauvaise que sous le régime actuel, où la jurisprudence vient au
secours de la loi ; ils auraient à redouter pendant dix ou vingt
ans l'apparition de l'héritier légitime ; or, lors même qu'ils
n'auraient pas cette crainte personnellement ils seraient, dans
la prévision d'une revente, obligés d'exiger l'accomplissement
de la formalité.

Ainsi, aucune succession, directe ou collatérale, connue ou
inconnue, ne pourrait échapper à cette formalité, dont le moindre inconvénient serait d'être onéreuse pour les successions peu
importantes, et qui aurait ce résultat fâcheux de frapper comme
de suspicion légitime et presque d'inaliénabilité, pendant trois
années, tous les biens échus par succession.

II. La cour de Riom se borne à dire que les transmissions héréditaires seraient rendues publiques au moyen
d'une inscription faite au bureau des hypothèques, sur
un certificat rédigé par les héritiers et vérifié par le receveur, au moment de la déclaration exigée pour le payement des droits de mutation.

Cette simple inscription ne pourrait suffire, comme le pense
la cour de Riom, pour faire cesser la controverse qui s'est élevée sur la validité des ventes faites par l'héritier apparent ; le
certificat des héritiers serait aussi un titre qu'ils se feraient à
eux-mêmes, et si le titre devenait valable par le visa du receveur
de l'enregistrement suivi de l'inscription, ce serait ouvrir à la
fraude un accès assurément bien facile.

III. La Faculté de Paris propose d'assujettir à l'inscription l'acte de notoriété, dressé ordinairement pour constater le nombre des héritiers ; la qualité légale d'héritier
apparent serait acquise un an après cette inscription.

Ce mode est plus simple que celui proposé par la cour de
Montpellier ; cependant nous n'admettons pas l'utilité de l'inscription de l'acte de notoriété, et le délai d'un an, fixé pour
l'acquisition légale de la qualité d'héritier apparent, laisserait
une trop longue incertitude sur le sort des biens de la succession.

IV. Deux autres cours d'appel, celles de Dijon et de

Rouen, et la Faculté de droit de Strasbourg, ont examiné la même question, et se sont prononcées contre l'inscription ; ces deux cours pensent que la jurisprudence, assez formelle aujourd'hui sur ce point, donne aux tiers de bonne foi une sécurité suffisante.

La Faculté de Strasbourg voudrait que cette jurisprudence fût consacrée par une disposition législative.

Quant à nous, si nous révoquons en doute l'utilité de l'inscription, nous reconnaissons qu'il y a nécessité de mettre un terme à la controverse existante au sujet de la validité des actes consentis par l'héritier apparent ; et cependant, si d'un côté il ne nous paraît pas bon de laisser ce soin à la jurisprudence elle-même, comme le demandent les cours de Dijon et de Rouen, nous ne croyons pas, d'un autre côté, qu'il soit prudent d'admettre le système absolu de la Faculté de Strasbourg, qui conduirait à valider toutes les ventes faites par l'héritier apparent, sans aucune distinction.

Voici quels sont les moyens que nous proposerons :

Pour les successions directes, il suffirait d'un acte de notoriété dressé sur l'attestation de quatre témoins, et auquel la loi donnerait le pouvoir de conférer la qualité légale d'héritier apparent. Cette disposition de la loi serait sans danger, car dans les successions directes, les héritiers sont toujours connus, et cependant elle ne serait pas superflue, comme on pourrait le croire ; elle aurait pour conséquence de faire disparaître les craintes d'une éviction, toujours possible sous le système actuel, craintes qui deviendraient bien plus fondées, surtout pour des sous-acquéreurs, si la qualité légale d'héritier apparent n'était reconnue que dans les successions collatérales.

Pour les successions collatérales, il serait aussi dressé, sur l'attestation de quatre témoins, un acte de notoriété, dont le degré de certitude pourrait être augmenté en ordonnant qu'il fût passé devant le juge de paix du canton où la succession se serait ouverte, et seulement trois mois après le décès. Les demandes en pétition d'hérédité, indépendamment de l'inscription qui devrait être faite au bureau des hypothèques, de l'exploit introductif d'instance, si la succession comprenait des immeubles [1], devraient être notifiées à la mairie du lieu de l'ouverture de la succession dans les six mois du décès.

Ce délai expiré, sans qu'aucune notification soit survenue, le maire en délivrerait un certificat au bas de l'original de l'acte de notoriété.

Au moyen de ces formalités d'une simplicité extrême, et qui n'entraîneraient aucuns frais, la qualité légale d'héritier apparent serait acquise aux individus désignés dans l'acte de notoriété ; les tiers seraient ainsi rassurés contre toute chance d'éviction de la part d'héritiers inconnus apparaissant tout à coup après vingt ans de possession, ce qui ne contribuerait pas dans une médiocre proportion à consolider le crédit foncier.

Si cette mesure était adoptée, les biens provenant de successions collatérales seraient, il est vrai, à peu près indisponibles pendant six mois dans les mains des héritiers ; mais il en est de même aujourd'hui, car la séparation des patrimoines peut être demandée dans le même délai de six mois, et elle a pour effet, comme on le sait, d'annuler les hypothèques et peut-être les aliénations consenties par les héritiers. Quant à l'héritier légitime qui se présenterait après ce délai de six mois, il serait à croire que des liens d'affection bien forts ne l'attachaient pas au défunt, et il serait souverainement injuste alors de le préférer à des tiers qui auraient acquis de bonne foi les biens de l'hérédité.

Les demandes en nullité des testaments ou des donations à cause de mort devraient aussi être formées et notifiées dans le même délai de six mois à la mairie du lieu de l'ouverture de la succession. A défaut de cette notification, les testaments et donations seraient considérés comme inattaquables vis-à-vis des tiers. Les motifs de cette courte prescription en faveur des tiers sont les mêmes qui nous porteront, au chapitre VI, à demander la suppression totale vis-à-vis des tiers des actions en nullité ou en rescision des contrats pour erreur, violence ou dol.

---

[1] *V*. chap. II, § 1ᵉʳ.

CHAPITRE IV.

LES HYPOTHÈQUES LÉGALES SERONT SOUMISES A L'INSCRIPTION.

L'hypothèque occulte accordée par le Code civil aux femmes, aux mineurs et aux interdits, sur les immeubles des maris et des tuteurs, n'offre aucun avantage, et a beaucoup d'inconvénients.

En effet, elle ne donne à ceux qu'on a voulu protéger qu'une apparence trompeuse de protection ; elle est pour les tiers, acquéreurs et prêteurs, une cause d'inquiétude, et souvent de préjudice, et par suite elle altère profondément le crédit des maris et des tuteurs.

Nous disons qu'elle ne donne qu'une fausse apparence de protection ; il suffit, pour s'en convaincre, d'en appeler au témoignage de la pratique. Qui ne sait que l'hypothèque légale des femmes est annulée le plus souvent, soit par leur concours aux ventes et aux emprunts, soit par une signification qui leur est faite en cas de vente, et qui ne leur parvient jamais, ou devant laquelle l'influence maritale les tient forcément inactives.

La même chose arrive pour l'hypothèque légale des mineurs et des interdits : le subrogé tuteur, si la signification de la vente lui est adressée, s'abstient jusqu'à la dernière extrémité de requérir l'inscription ; il recule devant une initiative qui doit paralyser les affaires personnelles du tuteur, et qui serait souvent considérée par celui-ci comme un acte de mauvais vouloir ou même d'hostilité.

Nous venons de raisonner dans l'hypothèse où l'existence de l'hypothèque légale serait déclarée dans le contrat de vente ; mais aucune déclaration peut n'avoir été faite, soit involontairement, soit dans une intention frauduleuse, et alors qu'arrivet-il ? L'acquéreur remplit les formalités prescrites par les articles 2193 et suivants du Code civil, c'est-à-dire que le contrat de vente est affiché dans l'auditoire du tribunal ; il est annoncé dans un journal et signifié au parquet du procureur de la République. La théorie, sans doute, nous apprendra que ces formalités sont des moyens de publicité ; mais dans la réalité des faits, serait-ce montrer trop de sévérité que de les qualifier de comédie légale , jouée au profit des maris ou des tuteurs , et dont les prétendus protégés sont nécessairement les dupes ?

Plusieurs dispositions du Code civil obligent cependant certaines personnes à requérir l'inscription des hypothèques légales, mais elles sont d'une insuffisance telle, qu'elles ont été rarement exécutées; elles sont restées, pour ainsi dire , à l'état de lettre morte.

Le système du Code civil a donc manqué le but principal, qui était de protéger la fortune des incapables contre ceux qui sont chargés de l'administrer. A-t-il au moins pris soin de l'intérêt des tiers acquéreurs ou prêteurs , qui se trouvent exposés aux atteintes de l'hypothèque légale occulte ? C'est ce que nous allons examiner.

Constatons d'abord que cette série de formalités longues et coûteuses , établie par les articles 2193 et suivants du Code civil, est hors de la portée de la petite propriété ; celui qui achète un champ ou une chaumière pour 5 ou 600 francs , n'augmentera pas ses frais d'acquisition des 100 ou 120 francs que lui coûterait une purge légale. Ainsi , du premier coup , voilà le plus grand nombre des transactions , celles qu'on peut dire les plus intéressantes , vers lesquelles se tournent les économies le plus péniblement amassées ; voilà ces transactions privées de l'appui de la loi , mises hors la loi , si l'on peut ainsi s'exprimer.

Et qu'on veuille bien le remarquer, il n'y a aucun moyen qui puisse suppléer à ces formalités. Que la femme du vendeur , si elle n'est pas mariée sous le régime dotal, concoure au contrat, ne peut-elle pas avoir précédemment cédé son hypothèque légale à un tiers qui ne l'aura pas fait inscrire, et dont la purge seule peut faire disparaître les droits? Qu'une loi nouvelle ou que la jurisprudence ordonne l'inscription de ces sortes de cessions, l'acquéreur n'aura-t-il pas à redouter encore l'hypothèque légale non déclarée de mineurs ou d'interdits ?

Du reste, que la purge soit ou ne soit pas faite, le sort de l'acquéreur est toujours à peu près aussi précaire ; car, hâtons-nous de le dire, il existe, dans le système du Code, un vice radical qui n'a pas été assez remarqué , et qui peut annihiler les effets de la purge. Aux termes de l'art. 2194, le dépôt du contrat au greffe doit être notifié tant au procureur de la République qu'à la femme et au subrogé tuteur ; cela doit s'entendre non-seulement de la femme et du subrogé tuteur indiqués dans le contrat sur lequel se fait la purge, mais encore de ceux qui ont pu l'être dans les titres antérieurs relatés dans ce contrat. Mais ici double embarras : ces titres peuvent n'être pas tous dans les mains de l'acquéreur et se trouver dans les localités les plus éloignées ; comment en faire la vérification minutieuse, indispensable cependant pour une purge complète? D'un autre côté, à quelle limite devra s'arrêter cette vérification? Une femme peut avoir vendu il y a trente ans, il y a quarante ans, et son hypothèque légale exister encore.

Il est vrai qu'un avis du conseil d'État, du 9 mai 1807, décide que, lorsque la femme et le subrogé tuteur ne sont pas connus de l'acquéreur, il lui suffit de le déclarer dans l'exploit de notification au procureur de la République, et d'insérer cet exploit dans un journal judiciaire ; mais on ne peut dire que la femme et le subrogé tuteur ne sont pas connus de l'acquéreur, lorsqu'ils ont été nommés dans un titre, si ancien qu'il soit, qui est énoncé dans le contrat de son acquisition. L'avis du conseil d'État est seulement applicable au cas où aucune déclaration n'aurait été faite ni dans ce dernier contrat ni dans les titres antérieurs ; c'est ce qui a été reconnu d'ailleurs par la jurisprudence.

Quant aux prêteurs, ils n'ont d'autre garantie que la sincérité des emprunteurs ; et à ce propos nous ne pouvons nous empêcher de faire cette réflexion, qu'on ne saurait trop s'étonner de voir les prêteurs, par une contradiction singulière, avoir confiance dans la sincérité des emprunteurs quant aux hypothèques légales, et ne pas avoir la même confiance quant aux autres hypothèques ; car, on le sait, jamais les fonds ne sont remis aux emprunteurs, avant la délivrance d'un état hypothécaire confirmant les déclarations faites par eux dans l'acte d'emprunt. Est-il possible d'admettre que la confiance des prêteurs puisse se scinder de la sorte? Ne serait-il pas plus naturel de croire qu'ils ne comprennent pas les dangers des hypothèques occultes, et que s'ils en étaient instruits, comme cela devrait être, ils ne confieraient plus leurs capitaux qu'à des personnes parfaitement connues d'eux, et dans lesquelles ils auraient la plus entière confiance? c'est-à-dire qu'alors ils ne feraient plus que des prêts chirographaires, et le crédit foncier serait ruiné.

La réforme à intervenir doit donc avoir en vue :

De protéger les incapables mieux que ne le fait le Code civil ;

Et en même temps de donner aux tiers les moyens de se garantir de l'effet des hypothèques légales.

Pour atteindre ce double but, voici ce que nous proposons :

1° L'hypothèque légale resterait générale et indéterminée, mais elle devrait être inscrite.

2° L'inscription se ferait de la manière suivante :

Pour les femmes qui auraient un contrat de mariage, ce contrat indiquerait les arrondissements où le mari possède *actuellement* des immeubles, et ceux où il y a probabilité qu'il en possédera par la suite; le notaire, rédacteur du contrat, serait tenu d'interpeller le mari à ce sujet, de constater cette interpellation et la réponse qui y serait faite, et de requérir l'inscription de l'hypothèque légale aux bureaux des arrondissements déclarés.

Pour celles qui n'auraient pas fait de contrat, l'officier de l'état civil ferait une semblable interpellation qu'il constaterait avec la réponse dans l'acte de célébration, et il serait tenu de transmettre dans les trois jours une copie sur papier libre de cet acte, au procureur de la République, qui requerrait l'inscription aux divers bureaux d'hypothèques.

Pour les mineurs une déclaration pareille serait faite, si la tutelle était légale, dans l'acte de nomination du subrogé tuteur, et si elle était dative, dans l'acte même qui la conférerait. Dans les deux cas, le greffier de la justice de paix serait chargé des inscriptions.

Pour les interdits, il serait procédé comme en matière de tutelle dative des mineurs. L'inscription devrait être faite dans les vingt jours [1] du contrat de mariage, de l'acte de célébration du mariage, de la nomination du subrogé tuteur, ou de la tutelle

---

[1] C'est le délai que nous proposerons pour les inscriptions en général (*V.* au chapitre V).

dative, à peine d'une amende de 50 francs contre ceux qui en sont chargés, et même de destitution et de responsabilité des notaires et greffiers des justices de paix, s'il était prouvé que l'omission fût la suite d'une collusion.

3° Les maris et tuteurs devraient, dans les contrats de vente et de prêt sur hypothèque, déclarer l'existence des hypothèques légales, et les notaires seraient tenus de provoquer et constater cette déclaration, sous les peines portées en l'article précédent.

Une fausse déclaration serait passible des mêmes peines que l'escroquerie.

S'il était déclaré une hypothèque qui ne fût pas inscrite, l'acquéreur ou le prêteur devrait notifier son contrat à la femme ou au subrogé tuteur, avec sommation de l'inscrire dans les vingt jours. A défaut d'inscription dans ce délai, l'hypothèque serait purgée.

Dans aucun cas, l'acquéreur ou le prêteur ne serait tenu de faire cette notification à la femme ou au subrogé tuteur dont l'hypothèque légale n'aurait été déclarée que dans les contrats antérieurs.

4° Les tiers payant des capitaux appartenant à des femmes mariées, à des mineurs ou à des interdits, devraient se faire représenter les bordereaux des inscriptions qui auraient dû être formées en vertu de l'article 2; tout payement fait avant ces inscriptions serait nul de droit.

5° Lors des ventes qui seraient faites par les maris et tuteurs, il serait procédé par voie de réduction des hypothèques légales; cette réduction s'opérerait :

Pour les ventes inférieures à 2,000 francs, sur l'avis conforme des quatre plus proches parents de l'incapable, réunis en conseil de famille; leur délibération ne serait pas sujette à l'homologation du tribunal, si l'avis du juge de paix y était favorable;

Et pour les ventes supérieures à 2,000 francs, sur un semblable avis de parents qui serait, dans tous les cas, soumis à l'homologation du tribunal.

Le jugement d'homologation serait rendu comme en matière sommaire, et ne serait pas susceptible d'appel.

Le conseil de famille, ou le tribunal, s'il le jugeait utile, pourrait n'accorder la réduction de l'hypothèque qu'à la condition d'employer tout ou partie du prix de l'immeuble vendu à l'acquisition d'un autre immeuble.

6° Pour les emprunts sur hypothèques, il serait procédé de la même manière; seulement, au lieu d'une réduction de l'hypothèque, l'avis de parents pourrait se borner à consentir une antériorité en faveur des prêteurs.

7° Le consentement de la femme ne serait en aucun cas nécessaire, ni pour les ventes ni pour les emprunts.

La base de notre système repose, comme on le voit, sur une inscription originaire, formée lors du mariage ou de la naissance de la tutelle, et qui serait réduite ou primée, si le conseil de famille le jugeait convenable, lors des ventes et des emprunts que feraient les maris et les tuteurs.

L'obligation de prendre à l'avance une inscription aux bureaux dans la circonscription desquels il sera prévu que les maris et tuteurs posséderont des immeubles, n'a rien qui doive surprendre, même dans la pratique actuelle; car c'est précisément ce que font aujourd'hui les créanciers qui obtiennent une hypothèque judiciaire, et la font inscrire sur les immeubles à venir de leurs débiteurs. Peut-être arrivera-t-il quelques cas rares, comme une succession inattendue, qui mettront cette prévoyance en défaut; mais par cela même que cette succession sera inattendue, on doit penser que les femmes, mineurs et interdits y comptaient peu pour garantir leurs hypothèques légales, qui devaient l'être suffisamment par les biens prévus. Au surplus, s'il en était autrement, l'inscription pourrait être formée, sur la sommation qui devrait être faite par les acquéreurs ou prêteurs aux termes de l'article 3.

La réduction de l'hypothèque légale aurait sur la purge deux grands avantages : d'un côté elle se ferait plus rapidement et serait moins dispendieuse, ce qui la rendrait accessible à la petite propriété ; en second lieu elle protégerait réellement, sérieusement, l'intérêt des incapables. Peut-être même cette protection deviendrait-elle gênante dans les affaires minimes, et il y aurait à examiner s'il ne serait pas possible de permettre aux femmes, mariées en communauté, de concourir aux ventes et aux em-

prunts faits par leurs maris, lorsqu'il s'agirait d'un intérêt inférieur à 500 fr. ou 1,000 fr. Comme correctif de cette liberté, on
obligerait les notaires à interpeller formellement les femmes sur
la renonciation à leur hypothèque légale.

La plupart des cours d'appel et Facultés de droit reconnaissent la nécessité d'apporter des modifications au système du Code
civil ; et même parmi celles qui veulent maintenir la dispense de
l'inscription, il en est, comme la cour de cassation, qui oblige-
raient néanmoins les maris, juges de paix, greffiers, etc., à former cette inscription lorsque l'hypothèque leur serait révélée :
système bâtard qui ose et n'ose pas, qui veut protéger les tiers
et les abandonne, qui, en un mot, n'est qu'une intention et non
un fait.

D'autres, comme la cour d'Amiens, adoptent un régime de
demi-publicité, demandent l'inscription pour certaines natures
de reprises, et en affranchissent les autres. Mais tout s'enchaîne
dans le régime hypothécaire, et les demi-mesures ne sont d'aucune utilité, elles ne font que mieux sentir le regret de l'ab-
sence d'une mesure complète.

La cour de Lyon propose d'obliger les tiers, débiteurs de capitaux appartenant à des femmes mariées, à veiller à l'emploi
des sommes dues, et à faire consigner à une caisse spéciale les
capitaux des mineurs. Cette obligation d'emploi serait tellement
inexécutable que la cour a dû permettre aux femmes d'y renon-
cer, ce qui reviendrait à placer celles-ci sous l'influence exclu-
sive des maris, c'est-à-dire à les priver, sans aucun équivalent,
des faibles garanties de l'hypothèque occulte. Quant à la consignation des capitaux des mineurs, peut-être serait-il possible
de l'imposer aux tuteurs datifs ; mais, appliquée à la tutelle légale, elle serait de nature à affaiblir la puissance paternelle, et
produirait cette conséquence, souvent regrettable, d'obliger les
pères, tuteurs légaux, à faire des liquidations judiciaires, pour
déterminer les sommes dont la consignation devrait avoir lieu.

Enfin, les cours de Dijon, de Nîmes, les Facultés de Grenoble et de Paris, qui reconnaissent, ainsi que la cour de Riom
et une partie de la Faculté de Rennes, la nécessité d'inscrire les
hypothèques légales, conseillent une série d'inscriptions succes-

sives , qui seraient prises par les notaires, juges de paix. etc., au fur et à mesure de la naissance des reprises, pour les femmes mariées , et des sommes reçues pour les mineurs et les interdits. La Faculté de Grenoble donne à ce mode de publicité une telle perfection , qu'il serait possible , en levant un simple extrait du registre des hypothèques, de connaître de suite l'importance exacte des reprises dues par les maris , et des sommes dues par les tuteurs. Ces divers systèmes, bons en principe, pèchent par la complication et la multiplicité des détails. Si l'on veut qu'une loi s'exécute, il faut qu'elle soit exécutable, et facilement exécutable ; la perfection absolue est une chimère , et l'idée la meilleure périt par l'exagération de ses conséquences.

Il a encore été demandé diverses réformes accessoires , ayant pour but, soit de faire cesser des controverses de jurisprudence, soit d'introduire dans la loi nouvelle des dispositions plus en rapport avec le régime de la publicité. Nous indiquerons sommairement celles qui nous paraissent mériter la sanction de la loi.

1. La plus utile, à notre avis, est celle proposée par les cours d'Amiens, Douai et la Faculté de Dijon, tendant à affranchir de l'hypothèque légale de la femme les conquêts de communauté aliénés, et à décider que les hypothèques créées par le mari sur les conquêts primeraient l'hypothèque de la femme.

On sait que la jurisprudence, d'accord avec la doctrine, a décidé que la femme pouvait, après avoir renoncé à la communauté , faire valoir son hypothèque légale sur les conquêts aliénés sans son concours. Il résulte de là que la renonciation de la femme étant toujours éventuelle au moment de l'aliénation , l'acquéreur doit demander le concours de la femme ou faire purger son hypothèque légale, ce qui peut être une entrave à l'administration du mari, si la femme refuse son concours ou inscrit son hypothèque. Il en serait de même si le mari voulait emprunter, sauf une impossibilité de plus ; car le prêteur ne pourrait faire purger l'hypothèque de la femme, et s'il plaisait à celle-ci de refuser son concours qui est, dans tous les cas, indispensable aux termes de l'article 2144 du Code civil, le pouvoir conféré au mari par l'article 1421 pour administrer la communauté, aliéner et hypothéquer les immeubles qui en dépendent, serait complétement annihilé devant la volonté de la femme.

2. L'article 2140 du Code civil serait modifié en ce sens que la faculté accordée aux femmes majeures de restreindre leur hypothèque légale par le contrat de mariage serait étendue aux femmes mineures. La protection dont celles-ci sont entourées au moment du contrat, suffit pour éloigner toute crainte de surprise.

3. La femme remariée qui a perdu la tutelle, et son second mari, devraient être soumis à l'hypothèque légale ; car celui-ci participe à la gestion, est souvent le seul gérant des biens du mineur; et à l'égard de la femme, il serait illogique que la faute par elle commise de ne pas avoir demandé la conservation de la tutelle, lui donnât le privilége d'être affranchie de l'hypothèque légale.

4. Enfin la femme, le mineur et l'interdit qui auraient une action en nullité ou en revendication contre un tiers, ne pourraient en faire l'abandon pour exercer leur hypothèque légale au préjudice des créanciers du mari ou du tuteur. C'est sur le tiers qui a traité imprudemment que doit tomber le préjudice, s'il y en a.

CHAPITRE V.

DES DÉLAIS ET DES FORMES DE L'INSCRIPTION.

§ 1er. — En principe, un délai doit être fixé.

Cette question, pour nous, n'est pas douteuse; il est indispensable qu'un délai soit accordé aux parties pour faire inscrire leurs titres au bureau des hypothèques; car il ne faut pas qu'un vendeur, par exemple, s'il trouve, le lendemain du contrat de vente, un prix supérieur à celui qu'il a obtenu, ait la facilité d'annuler ce premier contrat, en vendant le même immeuble à un second acquéreur, qui se hâterait de faire transcrire avant le premier. La loi qui n'accorderait aucun délai pour l'inscription serait, pour l'homme faible ou de mauvaise foi, une tentation de violer sa parole toutes les fois qu'il en recueillerait du profit; elle manquerait de cette sage prévoyance, condition de toute bonne loi, qui prémunit l'homme non-seulement contre la fraude d'autrui, mais encore contre sa propre faiblesse ; en ce sens elle manquerait de moralité.

Pour les acquéreurs, la fixation d'un délai a l'avantage de ne pas les obliger à une précipitation qui serait nécessaire s'ils n'en avaient aucun ; de ne pas les obliger, comme on l'a dit, à gagner le prix de la course.

Pour faire concorder les diverses parties du système, il serait indispensable de fixer aussi un délai pour l'inscription des priviléges et hypothèques.

Dans tous les cas, l'inscription aurait un effet rétroactif au jour de l'acte.

Nous ne dissimulerons pas que, parmi les autorités qui ont examiné la question, la majorité est opposée au délai. Ainsi, suivant les cours d'Amiens, Colmar, Douai, Limoges, Metz, Montpellier, Nîmes, Poitiers, Rouen, les Facultés de Dijon et de Strasbourg, les actes soumis à l'inscription n'auraient de valeur à l'égard des tiers que du jour de cette inscription.

Voici les diverses objections qui ont été présentées contre la fixation d'un délai :

1. Suivant la cour de Douai, ceux qui auraient acquis des droits sur l'immeuble pendant le délai qui serait accordé pour l'inscription, comme un créancier hypothécaire ou même un second acquéreur, seraient trompés et le seraient invinciblement, puisque la plus grande diligence serait toujours impuissante à prévenir le danger.

L'argument sera plus juste en le rétorquant. S'il n'y avait pas de délai fixé, le premier acquéreur aussi pourrait être trompé, même en étant diligent, dans le cas où l'immeuble serait revendu à un second acquéreur encore plus diligent. Entre les deux acquéreurs, ce n'est donc pas le plus diligent qu'il faut préférer, mais le premier en date, si du reste il a fait inscrire son titre dans un délai raisonnable, fixé par la loi. Cette condition étant accomplie, on ne peut pas dire qu'un second acquéreur ou un créancier postérieur serait invinciblement trompé ; il le serait au contraire très-volontairement, puisqu'il lui suffirait, pour éviter tout préjudice, d'attendre l'expiration du délai légal de l'inscription.

II. La cour de Limoges prétend que le délai qui serait accordé pour l'inscription faciliterait la fraude et la rendrait plus fréquente; ainsi un certificat de non-inscription serait considéré comme une bonne garantie que tel immeuble n'a pas été aliéné. Muni de ce certificat, le propriétaire qui viendrait de vendre une premièrefois pourrait, dans le délai de l'inscription, revendre à un second acquéreur et le tromper.

C'est le même raisonnement que tout à l'heure, sous une autre forme. En appuyant ce raisonnement sur le motif qu'un certificat de non-inscription serait une bonne garantie, la cour de Limoges se donne facilement raison; mais elle aurait dû ajouter qu'il n'était une bonne garantie (pour le créancier hypothécaire ou l'acquéreur) que s'il avait été délivré après le délai fixé pour l'inscription du contrat. Les fonds ne devant être délivrés qu'à l'expiration de ce délai, personne ne pourrait être trompé, et la fraude, loin d'être rendue plus fréquente, serait devenue impossible.

III. Suivant la cour de Metz, le point de départ du délai de l'inscription, qui serait la date même de l'acte, devant être nécessairement ignoré des tiers, toute transaction serait entravée par la crainte que, postérieurement à la transcription du contrat, on ne vînt formaliser dans le délai celle d'un contrat antérieur, qui ferait ainsi évanouir des droits qu'on aurait crus assurés.

Cette crainte devra exister avec tout autant de force, s'il n'y a pas de délai fixé pour l'inscription; car en supposant à un acquéreur le plus d'activité possible, il lui faudra au moins trois ou quatre jours pour faire inscrire son contrat. Qui lui garantira, au moment de la signature du contrat, que dans cet intervalle de trois ou quatre jours il ne surviendra pas l'inscription d'un acte qui annule le sien ?

Et qu'on veuille bien le remarquer, la crainte mise en avant par la cour de Metz à l'appui du système qu'elle préconise doit être, non pas seulement égale, comme nous le disions à tort tout à l'heure, à celle qui existerait dans l'hypothèse d'un délai, elle serait double; car dans cette dernière hypothèse elle ne pourrait s'appliquer qu'aux actes antérieurs et non encore inscrits, tandis que dans le système de la cour de Metz elle s'appliquerait évidemment aussi aux actes postérieurs; car dans cet intervalle nécessaire, inévitable d'au moins trois ou quatre jours que nous supposions plus haut, il ne serait pas impossible au propriétaire qui aurait vendu une première fois de vendre à un second acquéreur qui trouverait encore le temps de faire inscrire son contrat.

IV. Enfin les cours de Montpellier, de Rouen et la Faculté de Dijon voient dans la dispense temporaire d'inscription un état d'incertitude devant entraver les transactions et pouvant faire évanouir pour le propriétaire le moment opportun de vendre ou d'emprunter.

Et, suivant la Faculté de Dijon, celui qui souvent ne se serait décidé à vendre que dans un besoin pressant ne pourrait toucher qu'après l'expiration du délai de l'inscription.

Les prétendues entraves dont on parle existent déjà sous le système actuel, puisqu'aux termes de l'article 834 du Code de procédure les créanciers ayant une hypothèque avant l'aliénation peuvent la faire inscrire dans la quinzaine de la transcription. Le vendeur ne peut donc toucher avant ce délai, et cependant nous ne croyons pas que des ventes aient été empêchés par ce retard insignifiant.

Mais lors même qu'on abrogerait l'article 834 du Code de procédure, comme le demandent les cours de Douai, de Rouen, les Facultés de Caen et de Paris, on n'arriverait pas encore à faire toucher le vendeur au moment de la signature du contrat. Ne faudrait-il pas toujours le temps matériel de l'enregistrement, de l'expédition et de l'inscription? Il en serait comme il en est actuellement pour l'emprunt, et tout le monde sait que les fonds empruntés ne sont jamais délivrés avant un délai de dix à douze jours, nécessaire pour prendre l'inscription et lever l'état de celles existantes.

La fixation d'un délai est tellement dans la nature des choses, est tellement conforme aux idées de justice, que la cour de

Montpellier elle-même, quoique opposée au principe du délai, ne peut s'empêcher d'y faire une exception pour le cas de vente par le mari à sa femme séparée, en payement des reprises de celle-ci, exception à laquelle n'avait pensé aucune des autres autorités opposées au principe du délai.

§ 2. — Le délai sera de vingt jours.

Nous proposons d'accorder pour l'inscription des actes et jugements de toute nature, sauf les testaments, un délai de vingt jours à compter de leur date, et pour les testaments, un délai de six mois à dater du décès du testateur.

Il ne nous paraît pas possible d'abréger le délai de vingt jours pour les actes ordinaires; ce délai est d'ailleurs en rapport avec celui fixé pour l'enregistrement, qui est de dix et quinze jours, et dont les citoyens se trouveraient privés en partie, si le délai de l'inscription était plus court. Au surplus, l'article 834 du Code de procédure étant virtuellement abrogé par notre système, le délai sera le plus souvent moins long qu'aujourd'hui, puisqu'il courra du jour même des actes, tandis que le délai de quinzaine fixé par l'article 834 ne court que du jour de la transcription.

Nous ne nous dissimulons pas que ce délai de vingt jours pourra, dans certains cas d'urgence, être gênant pour les emprunteurs; mais il est impossible de faire une exception pour les actes de prêt. La règle doit être absolue; car un délai quelconque étant fixé pour l'inscription des actes d'aliénation, le prêteur devra toujours attendre l'expiration de ce délai pour délivrer ses fonds, et à cet égard nous avouons ne pas saisir la pensée de la cour de Dijon, quand elle dit :

> La nécessité de régler le rang des créanciers hypothécaires par la date de l'inscription est évidente : autrement il y aurait trop de dangers pour le prêteur qui livre ses fonds; mais relativement à l'acquéreur, il n'en est pas de même, il peut attendre, etc.

La cour de Dijon part de cette proposition : « Le prêteur » livre ses fonds, » et elle en tire naturellement cette conséquence : « Il y aurait donc danger pour lui si un acte postérieur

» au prêt pouvait primer ou annuler son inscription. » Mais qui oblige le prêteur à livrer ses fonds? Qu'il attende le délai légal, et le danger sera nul pour lui. D'ailleurs, et c'est là que nous voulions en venir, il y a inconséquence dans l'opinion de la cour de Dijon, qui reconnaît qu'un délai de quarante jours doit être accordé pour la transcription des actes d'aliénation, et qui ne veut en accorder aucun pour l'inscription des hypothèques. Il nous paraît clair que la transcription devant avoir un effet rétroactif, une vente, qui peut avoir été consentie la veille même du prêt, et qui ne serait transcrite que le dernier jour du délai, léserait le prêteur imprudent qui n'aurait pas attendu pour délivrer ses fonds l'expiration de ce délai.

Aussi le délai de quarante jours, proposé par la cour de Dijon, et qui serait nécessairement commun aux actes de prêt, prolongerait sans utilité aucune, un état d'incertitude qui, au contraire, doit être restreint le plus possible.

La cour de Besançon et la Faculté de Caen proposent de fixer le délai de l'inscription, l'une à vingt-cinq jours, et l'autre à quinze jours.

Le délai que nous adoptons tient précisément le milieu entre ces deux termes.

La cour de Montpellier voudrait qu'un délai de quarante jours fût accordé pour l'inscription des jugements et actes résolutifs, sous le prétexte des lenteurs occasionnées par l'enregistrement et l'expédition des jugements.

Ces lenteurs, qui existent en effet aujourd'hui, pourront être abrégées par le mode d'inscription sommaire que nous allons proposer, et nous ne voyons pas d'utilité à déroger, pour ce cas, à la règle générale, tandis qu'il y aurait un grand inconvénient à détruire l'uniformité de cette règle.

Un délai aussi court ne peut cependant être imposé aux légataires d'immeubles; nous adoptons volontiers, pour l'inscription des testaments, un délai de six mois à compter du décès du testateur, délai indiqué par la cour de Grenoble, les Facultés de Caen et de Dijon. Ce délai est le même que celui accordé par le Code civil pour les demandes en séparation de patrimoines, et celui proposé par nous pour l'acquisition de la qualité légale d'héritier apparent. Cette uniformité des trois délais permettra aux tiers de traiter avec les héritiers en toute sécurité, six mois après l'ouverture des successions.

Il serait bon de prévoir, dans la loi à intervenir, le cas où deux contrats concernant le même immeuble seraient inscrits le même jour. Dans notre système, où l'inscription, formée dans le délai légal, a un effet rétroactif, aucune difficulté n'existerait si les contrats n'avaient pas la même date; le plus ancien l'emporterait. Il pourrait arriver cependant, rarement il est vrai, que deux ventes du même immeuble eussent été faites le même jour et fussent inscrites à la même date; on devrait décider que la vente inscrite la première sur le registre des dépôts serait préférée.

§ 3. — Une inscription sommaire doit être préférée à la transcription.

Sous l'empire du Code civil, avant la promulgation du Code de procédure, la vente, parfaite par le consentement, arrêtait le cours des inscriptions. La transcription n'était donc nullement nécessaire; elle ne servait même pas, comme on le dit communément et à tort, à préparer la purge des hypothèques, et ce ne peut être que par une réminiscence de la loi de l'an **7** qu'elle avait été admise comme premier acte de la purge; car un état des inscriptions levé sur le vendeur aurait évidemment suffi pour remplir le même but.

Le Code de procédure, par son art. 834, est venu rendre la transcription indispensable pour arrêter le cours des inscriptions, mais sans en faire une condition de la transmission de la propriété; aussi les acquéreurs, qui ont confiance dans la solvabilité de leurs vendeurs, se dispensent de faire opérer la transcription, et on peut dire qu'aujourd'hui même, la majorité des contrats n'est pas soumise à cette formalité.

Jusqu'à présent donc, la transcription n'a été que le fait exceptionnel, et l'on conçoit jusqu'à un certain point que la transcription entière des contrats ait été ordonnée; mais appliquée, comme nous le demandons, à tous les actes translatifs ou déclaratifs de propriété et de jouissance, elle acquerra une telle extension , que les bureaux de conservation des hypothèques devraient être augmentés au moins du double , si la nécessité de la transcription littérale était maintenue. Cette nécessité est-elle bien démontrée? existe-t-il des motifs bien puissants en sa faveur? Nous examinerons tout à l'heure ceux qui ont été présentés et qui ne nous paraissent nullement décisifs ; mais nous pouvons dès maintenant signaler les graves inconvénients qui en résulteraient, comme de surcharger d'une masse d'écritures inutiles et les registres des conservateurs et les états qui seraient délivrés aux parties, d'augmenter ainsi les frais des actes dans une notable proportion , et de noyer dans l'obscurité de détails superflus les clauses et les charges essentielles. Et nous n'exagérons rien en parlant ainsi ; chacun sait que les établissements d'origines de propriété, dans le notariat des villes surtout , remplissent souvent six à dix feuillets pour l'énoncé des transmissions successives de la propriété pendant trente ans; et nous le demandons, à quoi servent ces détails sur les registres des hypothèques? à quoi serviraient-ils surtout dans les états délivrés aux tiers?

Nous insistons fortement pour ramener la publicité à un mode simple, uniforme, en harmonie d'ailleurs avec celui indiqué par le Code civil pour l'inscription des priviléges et hypothèques; il suffirait de deux bordereaux, rédigés et signés par le notaire , pour les actes authentiques, et par les parties, pour les actes sous seings privés; ils seraient présentés au conservateur avec le titre enregistré; ils contiendraient :

Les noms, prénoms, professions et domiciles des parties , avec élection de domicile dans l'arrondissement du bureau;

La date et la nature du titre ;

Le montant du prix et des charges évaluées et leur exigibilité;

L'énonciation des clauses résolutoires et autres pouvant intéresser les tiers ;

Enfin la désignation des immeubles formant l'objet de l'acte inscrit, avec l'indication sommaire du nom du précédent propriétaire et du titre du propriétaire actuel.

Pour les actes d'aliénation, les inscriptions serviraient à deux fins : en même temps qu'elles consacreraient la transmission de la propriété, elles tiendraient lieu des inscriptions d'office et conserveraient le privilége des aliénateurs.

Il serait inutile de maintenir les deux registres actuellement existants dans les bureaux de conservation, et qui sont destinés, l'un aux transcriptions, l'autre aux inscriptions. Cette division serait d'autant plus inutile que les inscriptions portées sur l'un et l'autre registre auraient une importance égale pour les tiers; celui qui achèterait ou prêterait aurait autant d'intérêt à savoir si l'immeuble est grevé de charges que s'il n'a pas été aliéné une première fois.

Les notaires seraient responsables et de la rédaction des bordereaux et de leur dépôt en temps utile au bureau des hypothèques. Cette responsabilité, quant à la forme des bordereaux, aurait rarement de la gravité; car nous demanderions, relativement à la validité des inscriptions, une doctrine plus large et moins esclave de la procédure que celle qui domine aujourd'hui. On connaît cette vive et persistante controverse, encore existante après une expérience de quarante années, sur les formalités substantielles des inscriptions et les formalités secondaires, sur le point de savoir quelles sont celles entraînant la nullité des inscriptions, nullité que cependant la loi ne prononce dans aucun cas. Des inscriptions ont été annulées, les unes parce qu'elles ne contenaient pas une élection de domicile, quoique le domicile du créancier fût dans l'arrondissement, les autres parce qu'elles ne mentionnaient pas l'exigibilité de la créance ou d'autres renseignements tout aussi *substantiels*, et tout cela sans qu'il fût allégué même qu'un préjudice eût été causé par ces prétendues nullités. Le droit, tombant dans cet excès de subtilité pointilleuse, n'est plus l'*ars boni et œqui* des anciens, il n'est plus que la science de la chicane, et nous insistons de toutes nos forces pour qu'on revienne à une appréciation plus saine, plus morale, des vrais principes de la loi. Quel doit être le but du législateur? D'éviter aux tiers le préjudice que leur ferait éprouver une publicité tronquée. Le préjudice causé aux tiers, tel devra être le point de départ du juge. le critérium infaillible qui devra le guider dans sa décision; nous laisserions donc aux juges du fait le droit de prononcer sur la validité des inscriptions, et leurs décisions échapperaient dans tous les cas à la censure de la cour de cassation.

Nous ajoutons une formalité dont la pratique nous a fait reconnaître l'utilité incontestable : nous voulons parler de l'indication du nom du précédent propriétaire et du titre du propriétaire actuel. Si le cadastre présentait l'état exact et complet de toutes les propriétés, on pourrait se contenter d'en faire connaître les numéros correspondants; mais tel qu'il est aujourd'hui, on ne saurait le prendre pour base, et nous pensons même que le projet émis par la cour de Bastia, de faire concourir le cadastre, dans l'avenir, au perfectionnement du régime hypothécaire, est incompatible avec l'excessif morcellement de notre sol et la fréquence des mutations auxquelles il est soumis.

On pourra nous objecter que la formalité nouvelle que nous introduisons n'aura pas de sanction. Sans doute, l'omission de cette formalité, pas plus que d'aucune autre, substantielle ou non, n'annulera l'inscription de plein droit; elle pourrait néanmoins être une cause de nullité, dans le cas où elle aurait empêché de reconnaître l'immeuble formant l'objet de l'acte inscrit, et où par suite un tiers aurait éprouvé un préjudice. Cette nullité éventuelle serait donc la sanction.

Quant à l'élection de domicile en particulier, si elle était omise, la loi pourrait autoriser à faire les notifications en l'étude du notaire détenteur de la minute du titre inscrit.

Plusieurs cours d'appel et Facultés de droit ayant demandé la conservation de la transcription littérale, nous nous livrerons à un examen rapide des raisons fournies à l'appui de leur opinion.

Les cours de Dijon, de Nîmes, d'Orléans, de Poitiers, les Facultés de Poitiers, de Rennes et de Strasbourg se sont prononcées dans ce sens.

Leurs motifs peuvent se résumer ainsi :

I. L'inscription soumettrait les parties à l'accomplissement de formalités plus ou moins épineuses, et pourrait se trouver viciée par une omission qui entraînerait la ruine de celui qui l'aurait commise. (Cour de Dijon.)

Il en est de même aujourd'hui des inscriptions hypothécaires;

et d'ailleurs il nous semble, si l'on veut nous permettre ce langage, que nous avons enlevé de ces formalités les épines qui les rendaient si dangereuses, en réduisant les causes de nullité au seul cas d'un préjudice causé aux tiers.

II. Le système de l'inscription mettrait à la charge du vendeur la nécessité d'inscrire les clauses résolutoires résultant de l'acte en sa faveur. (Même cour.)

Cette charge serait insignifiante selon notre projet, qui confie aux notaires le soin de la rédaction des bordereaux, sous leur responsabilité.

III. Enfin la cour de Nîmes trouve que les contrats de vente sont en général d'une rédaction assez simple et surtout assez brève, que la transcription littérale peut en être maintenue ; mais elle est d'avis que, pour éviter l'embarras des écritures et le *fatras qui en résulterait*, tous les autres actes ne soient inscrits que par extrait.

Nous croyons, tout au contraire de ce qui est affirmé par la cour de Nîmes, que les contrats de vente, avec leurs établissements d'origines de propriétés trentenaires, sont plus longs que tous les autres actes ; et si nous ne préférions l'uniformité de la mesure, peut-être inclinerions-nous à demander pour ces derniers actes la transcription littérale, et pour les contrats de vente l'inscription par extrait.

§ 4. — Les inscriptions des priviléges et hypothèques auront une durée de trente années, sauf les inscriptions des hypothèques légales, dont le renouvellement pourra ne devenir nécessaire qu'après ce temps.

Le délai fixé par le Code civil pour le renouvellement des inscriptions est trop court, et il nous paraîtrait devoir être rectifié de cette manière :

L'inscription des hypothèques conventionnelles et judiciaires durerait trente années.

L'inscription des hypothèques légales devrait être renouvelée dans les dix ans du décès du mari ou de la cessation de la tutelle, sans que dans aucun cas ce renouvellement fût nécessaire avant trente années du jour de l'inscription.

Nous savons que, par cette exception en faveur des hypothèques légales, nous abandonnons un instant l'uniformité que nous
nous sommes proposée pour le mode d'inscription de toutes les
hypothèques; mais on doit sentir la force des raisons qui nous
déterminent. Les créances conservées par les hypothèques conventionnelles et judiciaires sont presque toujours remboursées
avant le laps de trente années, et accorder à l'inscription de ces
hypothèques une aussi longue durée, c'est presque les dispenser
du renouvellement. Il est loin d'en être de même pour les hypothèques légales, surtout pour celles qui conservent les créances
des femmes contre leurs maris. Si l'on rendait le renouvellement
de ces inscriptions obligatoire, même en leur accordant une
durée de trente années, il arriverait la plupart du temps que le
renouvellement n'aurait pas lieu, et que la femme serait privée
des garanties que nous avons mis tant de soin à lui procurer. Cependant, comme une dispense absolue de renouvellement per-
pétuerait les inscriptions et obligerait, après un temps fort long,
à des radiations difficiles et coûteuses, nous avons cru qu'il était
utile de prononcer la péremption de l'inscription, dix ans après
l'époque où les incapables sont devenus maîtres de leurs droits.
C'est du reste, quant aux mineurs, le temps fixé par l'art. 475
du Code civil, pour la prescription de toute action relative aux
faits de la tutelle.

Rien n'empêcherait d'ailleurs de maintenir l'unique registre
que nous avons proposé pour chaque bureau de conservation;
seulement, pour simplifier les recherches, les conservateurs pourraient faire une table séparée des inscriptions des hypothèques
légales.

Le délai de trente ans, pour les autres inscriptions, nous
paraît plus rationnel que celui fixé par le Code civil; il est plus
conforme aux principes qui veulent que l'accessoire dure autant
que le principal; il évitera le plus souvent aux créanciers les
soins et les inquiétudes du renouvellement, et aux débiteurs les
frais occasionnés par cette formalité. On a objecté, et c'est cette
raison qui probablement a porté les auteurs du Code civil à
fixer à dix ans la durée de l'inscription, que ce sera augmenter
le travail des conservateurs, les obliger à compulser un nombre

considérable de registres , faire naître ainsi des chances nouvelles d'omission dans les états et aggraver la responsabilité, déjà si lourde, des conservateurs. Il est incontestable que les recherches devront être un peu plus longues ; mais on sait qu'au moyen des tables numérotées , établies dans les bureaux de conservation , elles se font avec une grande rapidité ; et il faut bien remarquer d'ailleurs que le nombre des inscriptions sera sensiblement diminué : d'une part, parce qu'il n'en sera plus formé en renouvellement qu'à des intervalles fort rares , et d'autre part parce que toutes les inscriptions , dont les causes seront éteintes, seront soigneusement radiées par les débiteurs , qui ne voudront pas , comme aujourd'hui, attendre une péremption qui ne s'accomplirait qu'à une époque encore très-éloignée.

§ 5. — **Les actes passés et les hypothèques légales créées antérieurement à la loi à intervenir, ne seront pas soumis à l'inscription.**

Quatre cours d'appel ont examiné cette question : ce sont les cours de Colmar, Grenoble, Montpellier et Paris.

La cour de Colmar affranchirait de l'inscription les actes de mutation qui, en général, sont connus et non susceptibles de contestation ; mais elle demande l'inscription, dans le délai d'une année, des charges de toute nature affectant les immeubles, soit dans leur substance, comme l'usufruit, soit à titre de simple garantie, comme le privilége ou l'hypothèque. Toutefois les servitudes seraient exceptées de la mesure.

La cour de Paris étendrait l'obligation de l'inscription, dans le même délai d'une année, à tous les actes, à l'exception de ceux constitutifs de servitudes et de droits d'usage au profit des communes, pourvu qu'ils eussent une date certaine antérieure à la loi.

Les deux autres cours sont d'avis que la loi sur le régime hypothécaire ne doit statuer que sur les actes qui lui sont postérieurs. La cour de Montpellier établit victorieusement que les actes consentis sous l'empire du Code étant parfaits par le seul consentement ne pourraient être, sans rétroactivité de la loi, subordonnés dans leur exécution à l'accomplissement d'une formalité nouvelle ;

que cela ne serait pas contestable quand ils seraient en regard de créances ou sous aliénations également antérieures à la loi nouvelle; et enfin, qu'en faisant même abstraction de toute idée de rétroactivité, la disposition qui soumettrait à l'inscription des milliers d'actes qui s'exécutent depuis longtemps causerait une grave perturbation et ouvrirait la porte à des fraudes et à des contestations sans nombre.

Les inconvénients signalés par la cour de Montpellier sont certes assez évidents et assez puissants pour faire rejeter la mesure proposée par les cours de Colmar et de Paris; nous ne voyons pas d'ailleurs quels sont les avantages que cette mesure, si pleine de périls, pourrait offrir. Jusqu'au jour de la loi, les contrats inscrits ou non feront foi par eux-mêmes; ils mériteront, après la loi, la même confiance qu'auparavant; et s'il arrivait que des contrats fussent faits après la loi en fraude de droits antérieurement concédés à des tiers et volontairement dissimulés, il est certain que la possibilité de cette fraude diminuerait peu à peu par le seul effet du temps, et qu'elle finirait par disparaître complétement par l'acquisition des prescriptions.

Au surplus, la fraude pourrait être rendue plus difficile en décidant que les actes antérieurs à la loi ue pourraient être opposés aux tiers qu'autant qu'ils auraient date certaine, et l'on expliquerait, pour faire cesser la controverse si vive élevée à ce sujet, que parmi les tiers ainsi désignés seraient compris les successeurs à titre particulier.

A l'égard des hypothèques légales existantes au jour de la loi, c'est en vain que nous cherchons une mesure assez puissante pour obtenir leur inscription : les seuls intermédiaires que la loi puisse contraindre, ce sont, ainsi que nous l'avons démontré au chapitre IV, les notaires qui reçoivent les contrats de mariage, les officiers de l'état civil qui dressent les actes de célébration des mariages, et les juges de paix, devant lesquels sont nommés les tuteurs et les subrogés tuteurs; mais la loi ne peut avoir pour le passé aucune action contre eux. L'obligation d'inscrire devait donc être imposée à la femme elle-même, à ses parents ou amis, et aux subrogés tuteurs des mineurs; mais on comprend qu'aucune sanction sérieuse n'existerait, et il y aurait quelque chose d'odieux dans cette mesure rétroactive, expropriant violemment les plus faibles au profit des plus forts, de droits légitimement acquis depuis longtemps.

La seule amélioration qui soit possible pendant cette époque transitoire, ce serait de faire disparaître le vice que nous avons signalé au chapitre IV, page 54, lequel oblige l'acquéreur d'un immeuble, s'il veut avoir une purge inattaquable, à rechercher dans tous les titres relatés dans son contrat les déclarations d'hypothèques légales qu'ils peuvent contenir. Il suffirait pour cela d'insérer dans la loi à intervenir un article qui serait le commentaire de l'avis du conseil d'État du 9 mai 1807.

§ 6. — Le tarif des frais hypothécaires doit être modifié.

Les frais de l'inscription et de l'état ou certificat qui devra être levé à l'appui seraient considérables pour les actes de peu d'importance. C'est un reproche qui a été fait à la réforme demandée, et qui serait fondé si le maintien du tarif actuel était indispensable; mais nous croyons qu'on peut et que la loi doit affranchir de tout droit, même du droit de timbre. tous les actes roulant sur une valeur inférieure à 500 francs, sans excepter les obligations hypothécaires. Cet affranchissement du droit devant profiter à des citoyens peu fortunés serait d'une bonne justice; il réduirait notablement les frais énormes s'élevant souvent à 10 ou 15 pour 100, des obligations hypothécaires de petites sommes, et il nous paraît d'ailleurs le seul moyen d'assurer l'exécution complète de la loi; car, malgré ses prescriptions impératives, malgré la sanction de nullité relative qui les protége, si le tarif des hypothèques ne reçoit pas l'exception que nous proposons, il arrivera pour les actes minimes ce qui a lieu aujourd'hui pour les partages anticipés : ils ne seront pas soumis à l'inscription. Le législateur doit avoir égard à cette vérité pratique, et protéger contre le fisc la sécurité des transactions civiles.

Nous venons de dire qu'aujourd'hui en général les partages anticipés ne sont pas transcrits, malgré la disposition qui les y soumet formellement. En effet, les choses se sont ainsi passées : dans l'origine, on aimait mieux ne pas remplir la formalité et ne pas payer un droit élevé dont on se trouvait, d'ailleurs, affranchi en ne faisant le partage qu'après le décès, et l'usage de ne pas transcrire devint si général que la loi du 10 juin 1824 décida, par son article 3, que le droit proportionnel de transcription, jusqu'alors perçu avec le droit d'enregistrement, ne le serait plus que lorsque la transcription serait requise : disposition singulière, juste et injuste à la fois : juste en ce qu'elle affranchit du droit de transcription des actes qui, en réalité, ne reçoivent jamais cette formalité, et injuste en ce qu'elle tend un piége aux citoyens en leur offrant la tentation légale d'inexécuter une formalité indispensable.

Cette anomalie doit cesser. Ou le droit proportionnel sera maintenu sur les partages anticipés, et alors il doit être perçu avec le droit d'enregistrement, ou bien il devra être supprimé complétement. La suppression nous paraît plus équitable; en effet, les partages faits par ascendants ne sont, comme on les appelle d'ailleurs, que des partages anticipés, et ils ne doivent pas être grevés d'un droit plus fort que les partages après décès; ce serait aller tout à fait contre le but de la loi civile qui a en vue de les favoriser, comme servant à maintenir la paix des familles.

Les partages entre copropriétaires à quelque titre que ce soit, n'étant que déclaratifs de propriété, ne seront pas soumis au droit proportionnel de transcription, à moins qu'ils ne contiennent des soultes ou des compensations d'une plus forte part de mobilier contre une moins forte part d'immeubles. Le droit serait perçu sur le montant des soultes ou compensations, les partages devant être à cet égard, dans le système exposé par nous chap. II, § 5, translatifs de propriété.

Les baux et, en général, les actes relatifs à la jouissance des immeubles ne devraient être assujettis qu'à un droit fixe.

Il nous reste à faire une dernière observation relative aussi au droit d'enregistrement. En vertu de la loi de frimaire an 7, tout droit régulièrement perçu n'est pas sujet à restitution. Cette disposition rigoureuse a même été appliquée par la jurisprudence aux actes annulés judiciairement. S'il arrivait, sous le régime de la publicité nouvelle, qu'un droit déjà transmis le fût une seconde fois, cette seconde transmission deviendrait radicalement nulle, à la seule condition que dans les vingt jours de sa date, la première fût soumise à l'inscription. Il serait d'une injustice flagrante que les droits d'enregistrement, d'hypothèque et de timbre, perçus sur cette seconde transmission, fussent conservés par la régie ; la loi nouvelle devra pour ce cas ordonner formellement la restitution.

CHAPITRE VI.

MODIFICATION DES DIVERSES ACTIONS OCCULTES CONSACRÉES PAR LA LOI, DANS LEURS EFFETS CONTRE LES TIERS.

§ 1er. — Dangers de ces actions.

Notre travail serait incomplet si nous nous bornions à demander la publicité des actes et jugements dont l'ignorance pourrait être pour les tiers une cause de préjudice. La loi a attaché à certains contrats des actions qui suivent les immeubles en quelques mains qu'ils passent, et dont l'existence est d'autant plus dangereuse qu'elles peuvent se perpétuer, pour ainsi dire, par une suite de prescriptions suspendues ou interrompues.

C'est là, nous n'hésitons pas à le dire, un des vices essentiels de la constitution actuelle de la propriété, vice qui empêche toute sécurité et dont le maintien est incompatible avec le système de la publicité.

Pour en faire sentir toute la gravité, posons un exemple : un immeuble est vendu ; le vendeur présente ses titres dont le plus ancien est un contrat translatif de propriété remontant à trente et un ans. Ces titres sont examinés avec soin et énoncés dans l'acte de vente ; l'acquéreur remplit les formalités pour la purge des hypothèques de toute nature ; aucune charge ne lui est révélée, il paye son prix et assurément il doit se croire à l'abri de toute recherche. Mais, plus tard, se découvre un titre plus ancien que ceux présentés par le vendeur, titre constatant qu'un des auteurs de celui-ci n'avait pas payé le prix de l'acquisition qu'il avait faite du même immeuble ; le créancier de ce prix était décédé laissant un héritier, pendant la minorité duquel la prescription de l'action résolutoire a été suspendue, et qui vient aujourd'hui menacer de déposséder l'acquéreur, si celui-ci ne lui paye sa créance.

Nous avons choisi pour exemple l'action résolutoire en matière de vente ; mais les mêmes inconvénients peuvent se produire avec les autres actions occultes consacrées par le Code civil, telles que :

L'action accordée au coéchangiste évincé par l'article 1705 du Code civil, pour répéter l'immeuble par lui cédé ;

Les actions en révocation des donations, soit pour cause d'inexécution des conditions (art. 954), soit pour survenance d'enfant (art. 963) ;

L'exercice du droit de retour conventionnel (art. 952) ;

L'action en réduction des donations (art. 930) ;

L'action en rescision, tant des partages d'ascendants (art. 1079) que des partages entre cohéritiers (art. 887) ;

Enfin l'action en rescision ou nullité des conventions en général (art. 1304).

Le danger de ces actions pour les tiers détenteurs d'immeubles provient de deux causes :

De ce qu'elles sont ocultes,

Et de ce qu'elles peuvent, comme nous l'avons dit, se perpétuer par une suite de prescriptions interrompues ou suspendues.

Nous rechercherons les moyens de parer à ces dangers, sans perdre de vue les intérêts que la loi a voulu protéger ; ce qui nous conduit à examiner, au paragraphe suivant, si la publicité appliquée aux actions occultes est de nature à en diminuer les inconvénients.

§ 2. — La publicité ne peut être appliqnée à toutes les actions occultes.

L'action en résolution de vente pour non-payement du prix et l'action en révocation des donations pour inexécution des conditions, sont les seules qui . à notre avis soient susceptibles d'être inscrites. Ces actions sont utiles à connaître pour les tiers au même titre que le privilége accordé aux vendeurs et donateurs, puisqu'elles sont attachées aux mêmes créances. L'existence occulte de ces actions avait paru tellement exorbitante que, pendant plusieurs années après le Code civil, il a été douteux en jurisprudence que l'effet de ces actions pût réfléchir contre les tiers détenteurs.

Il serait du reste inutile d'assujettir à une inscription spéciale les deux actions dont il s'agit. Notre système de publicité présente cet avantage que l'inscription même des contrats de vente et de donation tiendra lieu pour les vendeurs et les donateurs de l'inscription que le conservateur est chargé aujourd'hui de prendre d'office.

A l'égard du privilége que nous disons appartenir aux donateurs, il est bon de remarquer qu'il ne résulte d'aucune disposition textuelle du Code civil, et il n'est pas certain que le conservateur soit obligé de former d'office une inscription lors de la transcription des actes de donation. La loi à intervenir doit consacrer formellement ce privilége, au moyen d'une addition qui serait faite à l'article 2103 du Code civil; car il serait contraire à toute justice que les donateurs eussent des garanties moindres que les vendeurs : leur droit est certes aussi sacré. et repose même sur un titre de plus, la gratitude présumée du donataire. D'ailleurs on peut dire aussi que la donation avec charges est un contrat mixte, mélangé de vente et de donation. et que le privilége doit être établi à cause de la vente, et pour sûreté des charges qui en sont véritablement le prix.

L'action en répétition, en matière d'échange, n'ayant pas, comme les actions dont nous venons de parler, un objet immédiat, certain, le payement d'une somme d'argent, mais étant au contraire soumise à un événement qui entre rarement dans la prévision des parties au moment du contrat, il ne nous paraît pas utile de la soumettre à la publicité; son inscription d'ailleurs devrait durer aussi longtemps que les causes possibles d'éviction, c'est-à-dire être permanente, et pourrait devenir, dans bien des circonstances, une source de difficultés et d'embarras.

Il doit en être de même à plus forte raison de l'exercice du droit de retour conventionnel et des actions

En révocation des donations pour survenance d'enfant,

En réduction des donations,

En rescision des partages,

En rescision ou nullité des conventions.

Il est dans la nature même de ces actions de ne pouvoir être assujetties à l'inscription ; car les unes sont soumises à des événements, comme la survenance d'enfant, dont la non-probabilité est précisément le motif déterminant du contrat ; et les autres ne peuvent résulter que de faits nécessairement inconnus des parties, comme le dol, l'erreur, ou non prévus par elles, comme les réductions des donations, ou enfin qui ne leur laissent pas la liberté nécessaire, comme la violence ; de telle sorte qu'il arriverait toujours que les parties s'abstiendraient de former l'inscription, parce qu'elle serait contraire à leur intention ou à leur intérêt, ou qu'elle ne présenterait aucun intérêt apparent pour elles.

Ainsi le système de la publicité est non-seulement impuissant par lui-même à garantir les tiers détenteurs contre les effets des actions occultes, mais il ne peut même, pour la plupart d'entre elles, contribuer en aucune façon à faire obtenir cette garantie. Il est donc nécessaire d'aller plus loin, et de faire subir à ces actions les modifications réclamées par l'intérêt des tiers.

La cour d'appel de Montpellier a fait sur ce sujet un travail remarquable, dont l'examen fera l'objet du paragraphe suivant.

§ 3. — Examen des réformes proposées par la cour de Montpellier.

Le travail de la cour de Montpellier sur les actions occultes est terminé par cette réflexion : « Il est impossible d'opérer la » consolidation du crédit foncier et la facile transmission de la » propriété, si l'on n'apporte un remède énergique à une cause » aussi vivace de perturbation. Toute réforme qui n'aura pas cette » portée ne sera qu'un palliatif impuissant. »

Cette conclusion est significative assurément, et nous la citons en commençant pour mettre le lecteur à même de juger si elle est bien en rapport avec les réformes proposées, si le mal signalé par la cour a été extirpé dans sa racine.

Voici maintenant le résumé sommaire du travail de la cour de Montpellier :

1re *Proposition*. L'option imposée aux anciens ven-deurs par les articles 692, 717 et 838 du Code de procé-dure, entre l'exercice de l'action hypothécaire et celui de l'action résolutoire, serait étendue à toutes les adjudica-tions faites en justice, comme celles des biens apparte-nant aux mineurs, ou dépendant des successions béné-ficiaires, les ventes d'immeubles dotaux, et les licitations.

2e *Proposition*. Pour les aliénations volontaires non suivies de surenchères, le droit de résolution cesserait, lorsque le vendeur primitif non payé aurait concouru à l'ordre et participé à la distribution.

3e *Proposition*. La résolution ne pourrait plus être prononcée lorsque la moitié du prix aurait été payée.

4e *Proposition*. Lorsque la résolution serait ordonnée, le jugement qui la prononcerait liquiderait en même temps la somme à restituer par le vendeur, tant pour la portion de prix par lui touchée qu'à raison des impenses faites à l'immeuble par l'acheteur évincé ; et cette somme serait distribuée entre les créanciers qui étaient inscrits suivant leur rang d'hypothèque.

Le jugement de résolution fixerait, pour le payement de la somme à restituer, un délai fatal, passé lequel le vendeur serait déchu de plein droit du bénéfice de ce jugement.

5e *Proposition*. L'action résolutoire se prescrirait après deux ans, lorsqu'elle serait tacite, et après cinq ans lorsqu'elle serait expresse, le tout à compter de l'exigi-bilité du dernier terme du prix.

6e *Proposition*. Enfin la même prescription de deux ans s'appliquerait :

Aux révocations de donations pour cause d'inexécu-tion des conditions, du jour où la condition aurait dû être accomplie ;

Aux révocations de donation pour survenance d'en-fant, du jour de la naissance de l'enfant ;

Aux retours conventionnels, du jour du décès du do-

nataire ou du dernier descendant , suivant l'étendue donnée au droit de retour ;

Aux réductions de donation , du jour du partage , qui
est l'acte d'où doit résulter la démonstration de l'excès
de la libéralité.

Aux nullités et rescisions ordinaires. pour cause de
violence, erreur, dol ou incapacité, des époques déterminées par l'art. 1304 du Code civil.

Aux rescisions , pour cause de lésion, des partages
d'ascendants faits par actes entre-vifs, du jour de leur
transcription.

Et aux rescisions des partages d'ascendants , par dispositions testamentaires, et des partages ordinaires, du
jour même de ces actes.

Cette prescription courrait, dans tous les cas, contre
les incapables , comme dans le cas de l'article 1676 du
Code civil.

La première proposition ne saurait souffrir qu'une objection,
prévue du reste et réfutée par la cour de Montpellier elle-même ;
c'est qu'en matière d'expropriation forcée, le vendeur primitif,
aux termes de l'article 692 du Code de procédure , doit être
sommé de former sa demande en résolution , tandis que les autres adjudications en justice, n'étant pas précédées de notifications
aux créanciers inscrits , cette sommation ne pourrait être faite.
Mais la cour a fait remarquer que cette sommation n'est pres-
crite que dans le cas où le vendeur primitif figure parmi les
créanciers inscrits ; que, d'ailleurs, en matière de surenchère sur
aliénation volontaire, l'article 838 , se référant à l'article 717,
ne prescrit aucune notification au vendeur, qu'on suppose suffisamment averti par les affiches et publications qui ont eu lieu, et
qu'il y a complète identité sous ce rapport avec les autres adjudications en justice.

Pour faire passer cette identité dans les formes, nous vou-
drions que le dernier alinéa de l'article 692. qui prescrit la sommation, fût supprimé ; car cette prescription étant une condition
absolue de l'extinction de l'action résolutoire, il en résulte que
pour justifier de cette extinction, il faudra toujours représenter

l'exploit de sommation, ce qu'il sera souvent difficile de faire, attendu qu'il n'en reste pas de minute.

La seconde proposition est déjà consacrée par la jurisprudence ; il ne peut donc y avoir aucun inconvénient à lui donner la sanction de la loi.

Nous ajouterons ici que l'action résolutoire pourra se purger comme le privilége, et sans qu'il soit besoin d'autres formalités ; cette disposition offrirait un grand avantage aux acquéreurs qui voudraient diviser et revendre leur immeuble en plusieurs lots. Sans doute l'action résolutoire est encore plus indivisible de sa nature que le privilége ou l'hypothèque ; néanmoins, si elle est personnelle à l'égard du vendeur, il est certain qu'elle est réelle vis-à-vis des tiers détenteurs, et il n'y a aucune raison plausible de la conserver intégrale, tandis que le privilége se trouve divisé sur les divers lots vendus par suite des notifications faites par les acquéreurs de ces lots. Il existe là une anomalie choquante : la loi accorde à l'acquéreur partiel le bénéfice de la division du privilége, et elle le tient soumis à l'action résolutoire intégrale ; elle donne d'une main ce qu'elle retire de l'autre. Il résulte de là que chaque lot, en apparence grevé seulement de son prix, l'est en réalité de la totalité du prix dû au vendeur primitif ; de sorte que, dans la crainte d'une éviction qu'il ne peut empêcher, chaque acquéreur est privé de faire sur son lot toute espèce de construction ou même d'amélioration, et cette privation peut durer pendant les délais, souvent fort longs, de l'ordre, de la consignation et de la procédure en validité de cette consignation.

L'indivisibilité absolue de l'action résolutoire devient un obstacle insurmontable à toute revente partielle, lorsque le prix auquel elle est attachée consiste en une rente viagère ou perpétuelle dont l'acquéreur primitif est obligé de conserver la charge.

Les réflexions qui précèdent sont applicables à l'action en révocation des donations pour cause d'inexécution des conditions ; l'acquéreur doit aussi pouvoir s'en affranchir par la consignation du montant de son prix, le droit de surenchère étant réservé, bien entendu, dans tous les cas.

La troisième proposition apporte au droit de résolution une restriction salutaire et conforme à la saine équité.

La quatrième proposition aurait l'immense avantage d'empêcher ce résultat inique produit par la résolution, de faire attribuer à la masse des créanciers de l'acheteur évincé le montant
des sommes à lui restituer par son vendeur, et d'annihiler ainsi
complétement l'effet des hypothèques. La résolution cause déjà
un préjudice assez grand aux créanciers inscrits , et il est juste de
leur conserver au moins les garanties que leur offrirait une résolution amiable.

Nous arrivons aux *deux dernières propositions* qui sont, à
notre avis, les plus importantes, en ce qu'elles ont pour objet
de limiter la durée des actions occultes qui grèvent la propriété,
et qu'elles paraissent tendre ainsi à compléter la sécurité des tiers
détenteurs d'immeubles.

La prescription de deux ans ou de cinq ans, adoptée par la
cour de Montpellier, nous paraît ne pas atteindre ou dépasser le
but, selon que l'on se place au point de vue de l'intérêt des
tiers, ou au point de vue de celui des parties contractantes.

A l'égard des parties, le délai est trop court; et nous ne voyons
pas quelle nécessité il y a de réduire autant ceux fixés par le
Code civil. Tant que les acquéreurs ou donataires sont encore
propriétaires des immeubles, tous les moyens doivent être conservés contre eux, soit pour les contraindre à l'exécution des
conditions, soit pour revendiquer les droits qu'ils ont acquis
d'une manière illégitime. Il ne peut y avoir ici d'autre limite que
celle d'un temps assez long pour faire présumer fortement l'a-
bandon du droit : la prescription de dix ans et celle de trente
ans , consacrées par les articles 1304 et 2262 du Code civil nous
paraissent donc devoir être conservées à l'égard des parties.

Mais il doit en être autrement lorsque les immeubles ont été
aliénés; sous ce rapport, la question s'agrandit , et elle intéresse
directement le crédit foncier, car si la solution est bonne , elle
doit faciliter la libre circulation des biens, en protégeant les
transactions contre des évictions dont la cause est souvent impossible à connaître. La difficulté consiste donc à concilier cet
intérêt puissant avec celui des personnes en faveur desquelles la
loi a établi les diverses actions dont nous nous occupons. La cour

de Montpellier a-t-elle atteint ce résultat? Nous ne le pensons pas, et nous essayerons de le démontrer au paragraphe suivant.

§ 4. — Réformes à opérer.

Dans nos recherches sur les réformes à introduire dans le régime hypothécaire établi par le Code civil, nous nous sommes toujours dirigé vers ce but, qui a été pour nous comme la pierre de touche de l'utilité des réformes : assurer aux tiers les moyens infaillibles de connaître toutes les charges grevant les immeubles, et cela, par les registres du bureau des hypothèques, pour celles qui sont susceptibles d'être inscrites, et par l'examen des titres de propriété, pour les charges rebelles, par leur nature, à l'inscription.

L'examen des titres de propriété est donc le complément nécessaire, inévitable, de la publicité légale ; mais ici se rencontre la difficulté capitale : à quelle époque doit s'arrêter cet examen?

Si nous recourons à ce qui se passe dans la pratique, nous voyons que partout, à Paris comme ailleurs, la limite de trente ans a été adoptée, sans doute comme étant celle de la prescription la plus longue. On ne s'est pas contenté de la prescription de dix et vingt ans, instituée spécialement en faveur des tiers acquéreurs par l'article 2265 du Code civil, parce qu'elle exige, pour son accomplissement, deux conditions : un juste titre et la bonne foi. Le juste titre peut s'apprécier le plus souvent, mais il n'en est pas de même de la bonne foi, qui est nécessairement inconnue des tiers, et qui ne peut être suppléée que par la prescription trentenaire.

Néanmoins, sous le régime actuel, il n'y a, dans l'adoption de cette limite de trente ans, qu'une présomption de garantie, présomption qui peut être souvent fausse, comme le démontre l'exemple cité au § 1 de ce chapitre (page 76), et comme l'attestent de nombreux monuments de jurisprudence; mais au delà de cette limite il n'y avait qu'un arbitraire, pour ainsi dire sans bornes. Et d'ailleurs, les titres remontant à une époque aussi éloignée, sont souvent difficiles à obtenir, quelquefois manquent totalement ; on a donc dû accepter, comme une nécessité insurmontable, une situation tout à fait précaire, résultat forcé d'une législation vicieuse.

La cour de Montpellier, par ses prescriptions nouvelles, n'apporterait qu'un changement médiocre à cet état de choses, puisqu'elle fixe le point de départ de ces prescriptions à des époques indéterminées, nécessairement incertaines, et qui peuvent n'arriver qu'après un temps fort long, quarante ou cinquante ans, par exemple. En abrégeant les délais des prescriptions, elle augmente cette présomption de sécurité dont nous parlions tout à l'heure, mais elle ne la change point en certitude : elle ne fait donc pas disparaître *ces causes vivaces de perturbation* dont elle se plaint avec tant de raison.

Le système du Code civil se trouverait-il véritablement amélioré par ces réformes? on peut en douter. L'art. 2265, qui établit la prescription de dix et vingt ans en faveur des tiers acquéreurs, est applicable, ainsi qu'on l'a reconnu, non-seulement à la propriété elle-même, mais encore aux actions qui la rendaient résoluble au jour de l'acquisition, comme les actions en résolution pour défaut de payement du prix, et celles en révocation de donation pour inexécution des conditions; cette prescription court du jour du contrat d'acquisition, et n'est point suspendue par la non-exigibilité du prix ou des charges; n'est-elle pas en cela plus avantageuse que celle proposée par la cour de Montpellier, qui ne paraît la faire courir, dans tous les cas, que du jour de l'exigibilité?

D'un autre côté, pour les actions en révocation de donation pour survenance d'enfant, les retours conventionnels, les actions en réduction ou rapport, là prescription ne commence à courir, suivant le Code civil, que du jour de l'ouverture des divers droits donnant lieu à ces actions; il en serait à peu près de même dans le système de la cour de Montpellier; or la suspension de ces actions pouvant durer un temps limité seulement par la vie de l'homme, il régnerait toujours chez les tiers acquéreurs la même incertitude, les mêmes craintes d'éviction, sans qu'il fût possible d'obtenir pour eux une position plus régulière.

Il faut donc, à un mal profond, appliquer le *remède énergique* que cherchait la cour de Montpellier, et qu'elle n'a pas trouvé.

Voici celui que nous proposons :

1° Il serait institué en faveur des tiers détenteurs d'immeubles une *prescription maximum de trente ans*, qui commencerait à courir : pour le passé, du jour du contrat qui a rendu propriétaires les tiers détenteurs actuels; et pour l'avenir, du jour de la transcription du même contrat.

Nous disons une *prescription maximum*, parce qu'il pourrait arriver qu'elle fût accomplie avant trente ans; ainsi une action en réduction de donation, qui affectait l'immeuble vendu, s'ouvre deux ans après la vente; à partir de ce moment, la prescription de dix ou vingt ans, qui ne serait pas, bien entendu, abrogée, commence à courir, et l'action se trouve ainsi éteinte après douze ou vingt-deux ans.

2° Le point de départ de la prescription de dix et vingt ans serait aussi fixé au jour de l'inscription des contrats de vente, ce qui ferait cesser l'antinomie existante entre l'art. 2265 du Code civil, et le n° 4 de l'art. 2280 du même code.

3° La prescription maximum de trente ans ne pourrait être suspendue par aucune cause que ce fût.

4° Cette prescription pourrait être interrompue civilement suivant les divers modes indiqués par les articles 2242 et suivants du Code civil; les actes interruptifs devraient être inscrits dans les vingt jours de leur date, comme nous l'avons demandé pour tout exploit introductif d'instance; quant à l'interruption naturelle, elle cesserait d'avoir de l'efficacité vis-à-vis des tiers détenteurs.

Ces réformes soulèvent deux natures d'objections, tirées, les unes, de l'intérêt des personnes en faveur desquelles ont été établies les actions occultes; et les autres, des principes du droit; nous démontrerons, sous les deux paragraphes suivants, que ces objections sont sans valeur et qu'on ne doit pas s'y arrêter.

5° Les diverses modifications que nous venons d'indiquer ne seraient applicables ni à l'action en répétition accordée au coéchangiste évincé, parce qu'elle devra s'éteindre de plein droit après la purge des charges de toute nature, ce qui sera établi sous le § 7, ni aux actions en rescision ou nullité des conventions pour violence, erreur, ou dol, actions dont nous demanderons l'abolition complète vis-à-vis des tiers acquéreurs de bonne foi , par les motifs qui seront exposés sous le § 8.

§ 5. — Réfutation des objections tirées de l'intérêt des parties.

Il faut rendre aux réformes que nous proposons , cette justice qu'elles simplifient et rendent inattaquables les transmissions de propriété , et qu'ainsi, du moins, elles ne seront pas, pour employer une expression de la cour de Montpellier, *un palliatif impuissant* ; il faut reconnaître aussi qu'elles ne blessent en aucune manière l'intérêt des parties contractantes elles-mêmes , puisque leur position serait identiquement la même que sous le Code civil, avantage qui n'existerait pas dans le système de la cour de Montpellier, qui abrége les délais de prescription, même à l'égard des parties entre elles.

La seule objection possible en fait , est donc celle-ci : il peut se faire que l'événement qui a suspendu le cours de la prescription , comme la naissance de l'enfant du donateur , le décès du donateur , n'arrive que trente ans après l'aliénation de l'immeuble donné ; dans ce cas, l'action serait éteinte avant d'être née , ou plutôt on l'empêcherait de naître . et l'on consacrerait ainsi , pour favoriser des étrangers , la spoliation des enfants de celui qui aurait fait la donation.

Nous n'essayons pas de diminuer, comme on le voit, la gravité de l'objection : on ne peut soutenir en effet que le résultat qu'elle prévoit soit hors de toute possibilité ; mais si , en général, comme nous l'avons énoncé nous-même dans le cours de cet ouvrage , la loi doit être combinée de telle sorte qu'elle éloigne même la possibilité des fraudes et des préjudices, elle doit prendre garde , en évitant un mal, de tomber dans un pire ; et c'est ce qui arriverait , comme nous espérons le démontrer, si la loi protégeait d'une manière absolue les appelés à recueillir l'effet des actions occultes au détriment des tiers détenteurs.

Et d'abord, en examinant la réalité des choses, arrive-t-il souvent que les donateurs d'immeubles , soit à titre de partage anticipé, soit à titre particulier , aient moins de quarante ou cinquante ans? On peut , sans crainte d'erreur , répondre : jamais.

il faudrait donc admettre, pour qu'il y eût lésion, l'une ou l'autre de ces trois circonstances, ou même leur concours : 1° que les donataires revendissent immédiatement les immeubles donnés, ce qui n'est guère probable, attendu l'existence de l'action en révocation ou en réduction, qui ne ferait que commencer à courir du jour de cette vente, et dont le danger devrait peser trente années durant sur la tête de l'acquéreur ; 2° que trente ans après cette vente il survînt un enfant au donateur, qui alors serait âgé de soixante-dix ou quatre-vingts ans ; 3° enfin, pour le cas où il y aurait lieu à la réduction de la donation, que les biens du donataire vendeur, préalablement discutés conformément à l'art. 930 du Code civil, fussent insuffisants pour fournir la réserve à ses cohéritiers.

Un tel concours de circonstances serait tout à fait exceptionnel, et la réalisation en serait d'autant moins probable, que la donation aurait eu lieu de bonne foi le plus souvent, nous dirions presque toujours. Comment supposer en effet, s'il y avait eu intention de fraude chez le donateur, qu'il eût eu la simplicité de faire un acte formel de donation, suivi d'une revente par le donataire ? Évidemment notre prescription maximun de trente ans laisserait trop incertain le résultat de sa fraude, et il aurait eu soin de s'en affranchir en déguisant sa donation sous la forme d'une vente ou de tout autre contrat, et surtout en employant le moyen si facile du don manuel, qui ne donne aucune prise à l'action en réduction ou en révocation.

Nous avons mis au nombre des trois circonstances, fort improbables, qui pourraient occasionner une lésion, celle de la survenance d'un enfant au donateur, trente ans après la vente de l'immeuble donné ; mais on peut nous dire qu'une autre circonstance dont nous ne parlons pas pourrait se présenter plus fréquemment, celle de la naissance d'un enfant pendant le cours de ces trente ans, et qu'alors cet enfant, à cause duquel la donation se trouverait révoquée de plein droit, n'aurait le plus souvent ni les moyens, ni le temps pour enlever au tiers détenteur la possession des biens originairement donnés, et l'empêcher de consommer la prescription qu'il serait sur le point d'atteindre. Il y a peut-être à cela un inconvénient, mais il en est de même sous le Code civil : le donateur, dans le patrimoine duquel les biens sont rentrés de plein droit, a seul action contre le tiers détenteur pour exiger la restitution de l'immeuble ; il peut donc, s'il le préfère, lui en laisser la possession ; et s'il vit trente ans après la naissance de son enfant, cette possession devient pour le détenteur un nouveau titre de propriété, inattaquable cette fois. D'ailleurs, sous le Code civil comme sous notre système, si le donateur laisse acquérir au détenteur la prescription de l'immeuble, on doit supposer que telle a été sa volonté ; il a usé d'un droit incontestable, et il n'en doit compte à personne.

La crainte chimérique d'une spoliation des enfants doit donc être reléguée dans les hauteurs de la théorie ; elle ne saurait empêcher d'écrire dans la loi cette nouvelle prescription trentenaire, consolidant invinciblement la propriété entre les mains des tiers détenteurs.

§ 6. — Réfutation des objections tirées des principes du droit.

La prescription maximum de trente ans, que nous voulons établir, blesse les principes du droit en anéantissant dans leur source des actions suspensives qui ne sont pas nées. Elle viole la règle: *Contra non valentem agere, non currit præscriptio.*

Telle est l'objection qui pourra nous être faite et à laquelle nous répondons d'avance :

Les actions dont nous voulons garantir les tiers détenteurs d'immeubles, reposent sur des principes de l'ordre le plus élevé : ainsi, l'action en réduction des donations est fondée sur le droit naturel des enfants à la succession de leur père, droit sanctionné par la loi civile ; l'action en rescision des partages pour cause de lésion, sur l'égalité de droits des cohéritiers, égalité longtemps méconnue, rétablie enfin par la révolution de 1789 ; l'action en révocation des donations pour survenance d'enfant, sur l'affection mise par la nature au cœur des pères, et qui fait présumer que la donation n'aurait pas été faite si la survenance de l'enfant avait été prévue.

Ce sont là, assurément, des principes respectables, sacrés et qu'on ne saurait détruire sans offenser la morale et la société ; mais l'homme n'est ni parfait ni infini, et les lois qu'il établit ont besoin quelquefois, pour être mises en rapport avec sa nature imparfaite et finie, d'amoindrir la portée des grands principes de la loi naturelle. Ainsi, la prescription établie dans tous les codes, probablement dans tous les temps et dans tous les pays, est un tempérament apporté à la rigueur des principes, tempérament nécessaire pour mettre un terme à des réclamations qui pourraient être perpétuelles, tandis que la mémoire et la vie de l'homme sont bornées.

La prescription n'a lieu, il est vrai, que lorsqu'il y a possibilité de l'interrompre ; ainsi elle ne commence à courir ; pour les actions en réduction de donation, que du jour du décès du donateur ; pour les actions en révocation de donation par suite de survenance d'enfant, que du jour de la naissance de l'enfant ; la fixation de ces points de départ résulte de la règle *contra non valentem*, etc., déjà citée.

Mais on doit faire, selon nous, une distinction importante entre les personnes auxquelles profite la prescription, pour les unes, celles qui ont participé au contrat qui donne naissance à l'action, la prescription est contraire à la saine et rigoureuse équité, et c'est moins en leur faveur qu'elle a été instituée que dans l'intérêt de la société tout entière : la prescription, en ce sens, est un mal nécessaire créé pour éviter un mal plus grand, et elle ne doit être admise dans la loi qu'avec parcimonie et comme avec regret. Pour les autres, au contraire, c'est-à-dire les tiers détenteurs, la prescription est une mesure éminemment sage, éminemment morale, fondée non-seulement sur le respect de la bonne foi, mais encore sur des motifs puissants d'utilité publique.

Cette distinction n'est pas assez marquée dans le Code civil ; les tiers détenteurs paraissent avoir été grandement favorisés par la prescription de dix et vingt ans établie par l'article 2265 ; en réalité, ce n'est qu'une faveur trompeuse qui se trouve sans efficacité aucune contre les actions suspensives dont nous nous occupons. La prescription ordinaire de trente ans, dont l'article 2262 a fait la règle générale, ne leur serait pas plus utile ; la règle *contra non valentem*, etc., leur est applicable, aussi bien

qu'aux parties elles-mêmes, ainsi qu'il a été à peu près univer-
sellement décidé. Quelle est donc cette règle inflexible, cette
barrière infranchissable qui vient mettre un obstacle, pour ainsi
dire perpétuel, à la consolidation de la propriété? est-elle donc
plus sacrée que les principes rappelés plus haut, le droit de l'enfant à la succession de son père, l'égalité des partages? Nous
avons vu ces principes fléchir et s'annihiler, à un moment donné,
sous la salutaire influence de la prescription; les mêmes motifs
n'existent-ils pas pour faire fléchir cette règle en faveur des tiers
détenteurs? Ils existent, hâtons-nous de le dire et à un plus haut
degré de gravité.

Ainsi, la prescription-maximum de trente ans que nous proposons, est assurément plus juste et plus morale que la prescription générale de trente ans résultant de l'article 2262, et elle
produit des effets moins désastreux, car celle-ci enlève la propriété elle-même à son légitime possesseur, tandis que la nôtre
ne fait disparaître, après trente ans, que de simples actions, qui
la plupart du temps ne sont pas exercées.

Avec la prescription du Code, il n'est pas nécessaire de représenter le titre originaire de la possession, tandis que la prescription maximum ne peut être acquise aux tiers détenteurs que
moyennant un juste titre, et à partir de l'inscription de ce titre.

Enfin la mauvaise foi est souvent la base de la prescription du
Code, tandis que l'hypothèse de la mauvaise foi du tiers détenteur est presque irréalisable; en effet, il arrivera toujours, ou
qu'il n'aura pas eu connaissance de la donation, ou, s'il en a eu
connaissance, qu'il aura ignoré les effets juridiques qu'elle pouvait produire, ou enfin qu'il se sera confié à son vendeur; car
on ne peut supposer qu'il ait fait cette acquisition par un concert
frauduleux avec le donateur, comme nous l'avons démontré au
paragraphe précédent; mais, d'ailleurs, l'hypothèse de la mauvaise foi de l'acquéreur fût-elle admissible, qu'on ne saurait
s'y arrêter, à cause de sa rareté même, et aussi parce que dans
tous les temps une possession de trente ans a couvert le vice
de la mauvaise foi.

En résumé, si la prescription maximum que nous demandons
blesse la stricte rigueur du droit, *strictum jus*, il faut en dire

autant des prescriptions consacrées par le Code ; qu'on n'admette pas celle-là, mais qu'on supprime celles-ci, c'est la rigoureuse conséquence ; on sera ainsi fidèle aux principes et à la logique tout à la fois, mais on sera tombé dans la confusion et le chaos.

§ 7. — Limitation de l'action en répétition accordée au coéchangiste évincé.

L'action accordée par l'art. 1705 du Code civil, au copermutant évincé, pour répéter la chose qu'il a cédée, n'est pas une action purement personnelle ; comme l'action résolutoire appartenant au vendeur non payé, elle peut s'exercer contre les tiers détenteurs.

Cette action est une cause de complication des contrats ; chacun des échangistes, en effet, lorsqu'il traite avec un tiers, est obligé de lui justifier de la non-existence d'hypothèques, et des titres constatant une propriété trentenaire, non-seulement à raison de l'immeuble par lui reçu en échange, mais encore à l'égard de celui qu'il a cédé lui-même ; car s'il existait sur ce dernier immeuble une cause d'éviction quelconque, le tiers se trouverait inquiété par la répétition que viendrait exercer le coéchangiste évincé ; il est néanmoins impossible d'abolir l'action en répétition ; car, outre qu'elle paraît conforme au droit naturel, elle est la seule garantie légale lorsque l'un des immeubles échangés est grevé de charges ; les échanges d'immeubles grevés deviendraient impraticables, ce serait nuire à la liberté des transactions et aller précisément contre le but de nos réformes, qui est d'en favoriser le développement

Mais si l'action en répétition ne peut être abolie, ne conviendrait-il pas de la limiter de manière à en affaiblir ou même en faire disparaître les effets gênants ? Qu'on veuille bien remarquer que, si l'ensemble de notre système était adopté, les transmissions de propriété deviendraient aussi stables qu'elles sont aujourd'hui incertaines, puisqu'il suffirait d'un état des inscriptions, et de l'examen des titres pendant trente ans, pour être assuré qu'il n'existe aucune cause d'éviction possible. Si l'examen des titres, si l'état des inscriptions, ne révèlent aux deux échangistes l'existence d'aucune espèce de charge, on ne voit pas de quelle utilité pourrait leur être cette action qu'ils conserveraient l'un contre l'autre pendant un temps indéfini , pour le cas d'une éviction irréalisable.

Nous disons que cette action durerait un temps illimité ; en effet, dans la rigueur du droit, elle ne devrait commencer à courir, comme toutes les actions en garantie, que du jour où l'éviction aurait lieu ; et, à supposer qu'à l'égard des tiers dé-tenteurs elle se prescrive par dix et vingt ans à compter du jour de l'aliénation, elle serait toujours une cause d'embarras et de complication.

Pour parer aux inconvénients de l'action en répétition , tout en conservant la garantie nécessaire aux copermutants. nous proposerions que cette action s'éteignît *de plein droit*, après la purge des charges de toute nature , de telle sorte que la preuve de son extinction résulterait , soit d'un certificat , délivré après l'inscription du contrat d'échange , constatant que l'immeuble n'était grevé d'aucune charge , soit, pour le cas où il existerait des charges , d'un certificat qui en contiendrait le détail , appuyé des certificats qui en constateraient la radiation.

§ 8. — Suppression, vis-à-vis des tiers, de l'action en nullité ou rescision
des conventions pour erreur, violence, dol ou incapacité.

La prescription maximum de trente ans que nous proposons en faveur des tiers acquéreurs, est suffisante pour garantir ceux-ci des actions en résolution de vente, en révocation ou réduction de donation, et autres, dont la connaissance est révélée par l'acte même d'où elles procèdent ; mais à l'égard des actions en nullité ou rescision pour violence, erreur, dol ou incapacité, il n'en est pas de même ; rien ne peut faire soupçonner aux tiers leur existence, et à la différence des autres actions, qui ne dérivent que de certains actes déterminés, elles peuvent atteindre les actes de toute nature ; et, pour en faire sentir en deux mots tous les dangers, en apparence elles ne sont nulle part, mais en réalité elles peuvent être partout.

Qu'a fait le Code civil pour amoindrir les dangers de ces actions? Par son article 1304, il en a limité l'exercice à dix ans, qui commencent à courir : dans le cas de violence, du jour où elle a cessé ; dans le cas d'erreur ou de dol, du jour où ils ont été découverts ; pour les femmes mariées non autorisées, du jour de la dissolution du mariage ; pour les interdits, du jour où l'interdiction est levée ; et pour les mineurs, du jour de leur majorité.

Ainsi, aucune distinction entre les parties et les tiers de bonne foi ; la loi considère que ce qui est juste pour les uns doit l'être aussi pour les autres, qu'elle doit avant tout protection aux faibles contre les forts, aux justes contre les fourbes, aux incapables contre les capables ; qu'il serait trop facile d'éluder ses dispositions, si tout recours était interdit contre les tiers détenteurs ; qu'au surplus ceux-ci ne peuvent se dire propriétaires, puisque celui qui leur a vendu possédait en vertu d'un titre radicalement nul par défaut de consentement, et qu'il n'a pu transmettre ce qu'il n'avait pas.

Fort de cette généreuse philanthropie, de ces axiomes de droit positif, de l'exemple des lois anciennes, le législateur est arrivé à formuler sa règle absolue de la prescription de dix et de vingt ans, avec des points de départ inconnus.

Les conséquences de cette règle vis-à-vis des tiers sont faciles à deviner : suspicion générale et *légitime* de tous les actes devant servir de base aux transactions, quelque ancienne que soit la date de ces actes ; appréhension perpétuelle de la part de ceux qui veulent acquérir, payer ou prêter, de se voir inquiétés par une action en nullité ou rescision ; de là, hésitation, malaise, et souvent abstention.

On dira que ces conséquences sont exagérées, qu'elles se présentent rarement à l'esprit de ceux qui veulent acquérir un immeuble, et cela parce que les actions en nullité ou rescision sont rarement exercées. Soit, admettons que l'existence de ces actions ne produise pas en fait des conséquences aussi dangereuses, il peut en être ainsi sous le système actuel, où le danger est pour ainsi dire noyé au milieu des dangers sans nombre que courent les tiers détenteurs ; mais qu'un large système de publicité soit adopté, l'inconvénient des actions en nullité ou rescision se fera plus vivement apercevoir, et peut-être alors les conséquences que nous avons signalées réaliseront-elles leurs effets désastreux.

Est-il donc si nécessaire de conserver les actions en nullité ou rescision vis-à-vis des tiers détenteurs? La violence, dans l'état de nos mœurs, est-elle d'un usage si fréquent? Où sont les procès qui sont venus démontrer l'utilité d'une protection légale à ce sujet? Et les notaires, conseils des parties et surveillants de leurs intérêts, ne sont-ils pas à même de la découvrir, aussi bien que l'erreur ou le dol, et prêteront-ils leur ministère à de semblables manœuvres? Mais on ajoute que ce ministère n'est pas forcé, et que ceux qui veulent user de la violence ou du dol, ou induire en erreur, auront recours aux actes sous seing privé; nous répondrons à cela que, par le moyen d'un acte sous seing privé, ils atteindront mal leur but, et trouveront difficilement à revendre sur un pareil titre, et, au surplus, que le danger pourrait être facilement neutralisé, en refusant aux actes sous seing privé, comme nous le proposerons au paragraphe suivant, le pouvoir de transférer la propriété, ou même en décidant que ceux qui acquerront sur un titre sous seing privé seront soumis aux actions en nullité ou rescision, comme par le passé.

Quant aux femmes mariées, aux interdits et aux mineurs, le danger ne peut guère exister pour eux lorsque les actes sont passés devant notaires. Ces officiers ministériels, quand ils ne connaissent pas les parties, sont tenus de se faire attester leur identité, et la plupart sont assez prudents pour faire attester en même temps leur capacité civile. Ce que la prudence conseille aux notaires pourrait devenir pour eux une obligation légale. Les incapables ne seraient plus exposés à la fraude que dans les actes sous seings privés, et ils en seraient complétement garantis si ces actes étaient soumis à l'une des deux modifications que nous venons d'indiquer.

En conséquence, nous proposons que les tiers détenteurs d'immeubles soient affranchis des actions en nullité ou rescision des conventions pour erreur, violence, dol ou incapacité, vingt jours après la date de leur titre. Ce sera le complément nécessaire de notre système de publicité.

§ 9. — Modifications des actes sous seings privés.

La question de savoir si les actes sous seings privés sujets à l'inscription doivent être maintenus, a été examinée par plusieurs cours d'appel.

Les cours d'Amiens, Grenoble et Riom sont pour l'affirmative ; les cours d'Aix et de Montpellier demandent, au contraire, la suppression des actes sous seings privés.

Les trois premières cours se contentent d'énoncer leur opinion, sans fournir aucun argument à l'appui. Les motifs de l'opinion contraire, développés avec autant de force que de logique par la cour de Montpellier, nous paraissent tout à fait péremptoires. Nous craindrions d'en diminuer la puissance en les résumant ici ; c'est pourquoi nous renvoyons aux *Documents*, t. 1, p. 328.

Nous n'ajouterons qu'une observation puisée dans la pratique des affaires. Les actes sous seings privés relatifs aux immeubles, devant être soumis à l'inscription, seront nécessairement enregistrés. Il n'y aura donc, pour les parties, d'autre augmentation dans les frais que celle des honoraires du notaire ; et encore, le plus souvent, ce ne serait pas une augmentation, les actes sous seings privés étant rédigés par des agents d'affaires qui perçoivent des honoraires aussi élevés que ceux des notaires. A frais égaux, il y aurait donc avantage à faire rédiger les actes sous seings privés par les officiers ministériels, qui sont responsables aux yeux de la loi, tandis que les agents d'affaires ne le sont pas.

Il pourrait cependant survenir telle circonstance où la prohibition des actes sous seings privés serait nuisible aux parties elles-mêmes Ainsi lorsque, éloignées de la résidence du notaire, arrêtées par des occupations plus pressantes, elles auraient conclu un marché important, elles ne pourraient immédiatement s'engager par écrit à l'exécution des conditions de ce marché.

Il serait possible, pour parer à cet inconvénient, de donner aux actes sous seings privés une certaine valeur entre les parties, en les assimilant aux obligations de faire. Cette assimilation serait juste, puisque n'ayant pas la vertu de transmettre la propriété, ils ne contiendraient que l'engagement de faire cette transmission ; leur inexécution se résoudrait en dommages et intérêts.

Ce moyen serait un correctif de la suppression absolue des actes sous seings privés, et il ne serait pas désavoué par l'équité que cette prohibition pourrait quelquefois blesser.

CHAPITRE VII.

QUELQUES OBSERVATIONS SUR LES FORMALITÉS ET LES EFFETS DE LA PURGE DES HYPOTHÈQUES.

Les hypothèques légales devant être soumises à l'inscription, les formalités prescrites par les articles 2193 et suivants du Code civil deviendraient complétement inutiles ; l'état qui serait délivré à l'acquéreur vingt jours après la date de son contrat, inscrit dans ce délai, suffirait pour lui révéler les hypothèques et charges de toute nature.

Mais l'inscription des contrats de vente et autres actes translatifs de propriété ne serait, comme l'est maintenant la transcription, que l'acte préparatoire à la purge, formalité que le Code de procédure a rendue si compliquée et si dispendieuse par les notifications aux créanciers inscrits, la surenchère, l'ordre avec son double règlement préparatoire et définitif. Il y aurait sur ce point bien des rouages à simplifier, des lenteurs à abréger et des frais à éviter ; car qui ne sait que par des contestations plus ou moins sérieuses, par des incidents habilement ménagés, la procédure de l'ordre peut durer plusieurs années, et que les créanciers, pendant ce temps, non-seulement ont leur capital immobilisé, mais ne peuvent même toucher des intérêts qui sont sont souvent leur unique revenu.

Si l'hypothèque repose sur un domaine qui est vendu en un grand nombre de lots de peu de valeur chacun, les frais de notification aux créanciers inscrits et de l'ordre absorbent une portion importante de la valeur du gage et sont une cause de ruine quelquefois pour les créanciers, toujours pour le vendeur.

Cette question, à laquelle se rattache intimement celle des

7

formes de l'expropriation, est la plus importante peut-être de celles soulevées à l'occasion du crédit foncier ; car on doit comprendre que beaucoup de capitalistes, surtout ceux-là qui ont une fortune médiocre, et ce sont les plus nombreux, préféreront les hasards du commerce ou les fluctuations de la bourse, qui promettent et assurent un payement à terme fixe, à la solidité d'un placement qui les expose à être privés de leurs revenus pendant un certain nombre d'années.

Mais ce serait aller au delà des limites que nous nous sommes imposées que de rechercher les réformes à introduire dans notre procédure civile ; nous avouons d'ailleurs que la nature de nos travaux habituels ne nous a pas rendu familière cette science essentiellement pratique. Nous nous bornons donc à signaler le mal, en laissant à d'autres plus expérimentés le soin d'y remédier.

Nous ne terminerons pas cependant sans appeler l'attention du législateur sur plusieurs points qui nous paraissent plus spécialement la mériter.

1. Le créancier qui a une hypothèque ou un privilége sur plusieurs immeubles, ou portions d'immeubles vendus à différents acquéreurs, peut à son choix consentir un désistement en faveur de l'un des acquéreurs, et faire peser la totalité de sa créance sur les autres.

Ne serait-il pas convenable d'assimiler le tiers acquéreur à la caution, et de décider, par analogie de l'article 2037 du Code civil, que, si le créancier a consenti un dégrèvement partiel, il peut être repoussé par le tiers acquéreur, par l'exception *cedendarum actionum*? M. Troplong pense du reste que ce droit résulte des dispositions combinées du Code civil en faveur des tiers acquéreurs ; mais la jurisprudence, à défaut de texte précis, a dû se prononcer en sens contraire. En faisant passer dans la loi nouvelle la disposition que nous demandons, on facilitera les ventes partielles de propriétés grevées et on évitera aux parties les équivalents insuffisants, comme les hypothèques de contre-garantie ou autres, auxquels elles sont obligées de recourir aujourd'hui.

2. La faculté de purger les hypothèques accordée aux tiers

acquéreurs devrait être étendue aux débiteurs eux-mêmes, soit à raison des créances dont le terme a été stipulé en faveur des créanciers, soit à raison des rentes perpétuelles ou viagères constituées par eux ou dont ils se sont personnellement chargés.

L'obligation de supporter les inscriptions conservant ces créances peut avoir pour résultat d'empêcher l'échange et quelquefois la vente de la propriété grevée ; mais surtout, et c'est là l'inconvénient le plus grand, elle est un obstacle à la vente en détail, car chaque acquéreur est obligé de notifier son contrat pour faire courir le délai de la surenchère, ce qui grève le vendeur de frais considérables, comme nous l'avons déjà remarqué, et l'empêche d'ailleurs de toucher la moindre parcelle des prix de vente, si chaque prix en particulier est inférieur à la dette inscrite, et lors même que le montant réuni de ces prix serait dix fois supérieur à cette dette.

La vente partielle est d'autant plus difficile, si l'on suppose une action résolutoire attachée à la dette inscrite. Cette action étant indivisible, il ne sert à rien à chaque acquéreur de faire courir le délai de la surenchère ; il pourra toujours être dépossédé par l'exercice de l'action résolutoire ; et le danger d'une telle dépossession est d'autant plus grand que le créancier a pu se désister de ses droits sur les autres immeubles qui en étaient grevés, comme cela lui est permis sous le Code civil. C'est pour remédier à ce danger que nous avons demandé au § 3 de ce chapitre (p. 82) la divisibilité de l'action résolutoire, et que nous venons de proposer d'assimiler le tiers acquéreur à la caution, relativement à ces dégrèvements partiels.

La consignation que feraient les débiteurs eux-mêmes devrait comprendre, si la somme due était un capital produisant intérêts, la différence entre le taux servi par la caisse des consignations et celui stipulé dans l'acte, et si la dette consistait en une rente, une somme nécessaire pour que les intérêts servis par la caisse fussent égaux à la rente. Cette consignation aurait lieu aux frais du débiteur ; mais si le créancier la refusait et ne donnait pas mainlevée, le jugement à obtenir serait à ses frais.

Cette purge, au lieu d'être faite par le vendeur personnellement, pourrait l'être bien entendu par l'acquéreur d'une portion de la propriété grevée , mais aux conditions qui viennent d'être indiquées, et elle produirait les mêmes effets pour le vendeur.

3. Enfin la loi à intervenir devra déterminer le droit des créanciers hypothécaires en présence d'une concession de servitude, de droit d'usage et d'habitation , d'un bail à longues années, de tous les actes en un mot pour la validité desquels nous avons demandé l'inscription au bureau des hypothèques.

Pour les servitudes, il est constant qu'elles ne sont pas susceptibles d'hypothèques ; car le créancier inscrit ne pourrait exercer le droit de surenchère, qui est l'attribut essentiel du droit d'hypothèque , les servitudes n'ayant de valeur que pour ceux en faveur desquels elles ont été créées.

Pour maintenir le droit des créanciers hypothécaires, on pourrait astreindre l'acquéreur de la servitude à leur notifier son contrat avec réquisition de faire procécer à une expertise dans les quarante jours.

Si l'expertise constatait une plus-value au moins égale au quart, l'acquéreur aurait le choix de se désister du contrat ou de payer le supplément de prix. Dans le cas contraire, la transmission de la servitude deviendrait définitive, et le créancier qui aurait requis l'expertise en payerait les frais.

On procéderait de même pour les ventes de coupes extraordinaires, de superficies à défricher, les concessions de mines, carrières, etc. Les inscriptions existantes vaudraient à cet égard saisie-arrêt , et les payements faits par les acquéreurs ou créanciers, au mépris de ces inscriptions, seraient nuls et comme non avenus.

Toute anticipation de plus d'une année de loyer, fermage, etc., devrait être interdite à peine de nullité.

L'antichrèse ne serait valable qu'à la condition par l'antichrésiste d'employer les revenus libres, à payer les intérêts d'abord, puis le capital des créances inscrites dans l'ordre des inscriptions.

La loi fixerait une limite à partir de laquelle les baux à longues années seraient considérés comme emphytéotiques, et comme tels soumis aux formalités de la purge des hypothèques ; la limite de trente ans est celle qu'il nous paraîtrait convenable d'adopter.

Les baux et les concessions de droit d'usage et d'habitation, pour une durée inférieure à trente ans, ne seraient assujettis à aucune formalité spéciale, si ce n'est à celle de l'inscription lorsqu'ils seront consentis pour plus de douze ans, ainsi que nous l'avons proposé, sauf dans tous les cas le droit pour les créanciers inscrits de les attaquer comme faits en fraude de leurs droits, en vertu de l'article 1467 du Code civil.

FIN.

TABLE DES MATIÈRES.

PARIS. — IMPRIMÉ PAR E. THUNOT ET Cᵉ.
Rue Racine, 28, près de l'Odéon.